大学生廉洁教育

本书编写组　编

中央党校出版集团
国家行政学院出版社
NATIONAL ACADEMY OF GOVERNANCE PRESS

图书在版编目（CIP）数据

大学生廉洁教育 / 本书编写组编.—北京：国家
行政学院出版社，2024.2
ISBN 978-7-5150-2889-7

Ⅰ.①大… Ⅱ.①本… Ⅲ.①大学生－品德教育－高
等学校－教材 Ⅳ.①G641.6

中国国家版本馆CIP数据核字(2024)第041221号

书　　　名　大学生廉洁教育
　　　　　　　DAXUESHENG LIANJIE JIAOYU
作　　　者　本书编写组　编
责任编辑　陆　夏
责任校对　许海利
责任印制　吴　霞
出版发行　国家行政学院出版社
　　　　　　　（北京海淀区长春桥路 6 号 100089）
综 合 办　（010）68928887
发 行 部　（010）68928866
经　　销　新华书店
印　　刷　河北鹏润印刷有限公司
版　　次　2024 年 2 月第 1 版
印　　次　2024 年 2 月第 1 次印刷
开　　本　185 毫米 ×260 毫米　　　16 开
印　　张　12
字　　数　143 千字
定　　价　39.90 元

本书如有印装问题，可联系调换。联系电话：（010）68929022

本书编写组

（按姓氏笔画顺序排列）

王 聪　刘 静　孙 彤　杨 涛

肖武云　肖春林　汪华明　陆柏林

陈 强　欧阳智勇　周述贵　庚庐山

黄 昕　章 玲　谢 宇　湛 佳

谢苏闽　曾 莉

党的十八大以来，以习近平同志为核心的党中央坚持反腐败无禁区、全覆盖、零容忍，着力遏制腐败滋生蔓延势头，惩治群众身边的不正之风和腐败问题，着力增强人民群众获得感，推动党风廉政建设和反腐败斗争不断向纵深发展。

2022年2月，中共中央办公厅印发了《关于加强新时代廉洁文化建设的意见》（以下简称《意见》）。《意见》指出，要夯实清正廉洁思想根基，强化理论武装，增强政治定力抵腐定力；坚定信仰信念信心，筑牢拒腐防变思想防线；发展积极健康党内政治文化，引领廉洁文化建设。要厚植廉洁奉公文化基础，用革命文化淬炼公而忘私、甘于奉献的高尚品格，用社会主义先进文化培育为政清廉、秉公用权的文化土壤，用中华优秀传统文化涵养克己奉公、清廉自守的精神境界。《意见》要求，各地区各部门要担负起廉洁文化建设的政治责任，把廉洁文化建设纳入党风廉政建设和反腐败工作布局进行谋划，建立廉洁文化建设统筹协调机制，久久为功抓好落实，推动新时代廉洁文化建设深入开展。2022年11月，教育部办公厅印发《关于举办第八届高校廉洁教育系列活动的通知》，要求各高校将此活动作为学习贯彻党的二十大精神、落实中央决策部署的重要举措，充分利用教育系统内外、校内外各类宣传平台，围绕活动主题开设话题、专栏、专版等，组织网络展播、在线直播、校园展览，营造学廉思廉践廉的校园文化氛围。要发挥活动的牵引作用，将廉洁教育与党团组织生活、校园文化活动、师生社会实践等有机结合，探索形成常态化长效化廉洁教育机制。

为深入学习贯彻党的二十大精神，贯彻落实《意见》相关要求，推进高校开展大学生廉洁教育，引导广大高校师生进一步夯实清正廉洁思想根基、厚植廉洁奉公文化基础、培养廉洁自律道德操守、弘扬崇廉拒腐社会风尚，我们组织相关专家学者编写了《大学生廉洁教育》教材。本教材是大学生了解和吸收廉政文化，接受良好的廉政教育的有效载体。在内容上，注重对中华优秀传统文化、革命文化、社会主义先进文化等的讲述。在体例上，有机融入课程思政、案例分析、廉洁故事、廉洁微活动、拓展阅读等小板块，有利于学生自主学习和思考。全书分"绪论"和"大学生廉洁教育概述""大学生廉洁教育的理论基础""高校廉政建设的理论与实践""大学生廉洁品质的培育和提升""大学生廉洁教育的实施体系"五章。

本教材编写过程中参考了有关专家学者的著述和论文，在此表示衷心感谢。由于时间紧迫，编者水平有限，不当和疏漏之处在所难免，恳请专家和读者批评指正，以便于修订再版。

编　者

2024 年 1 月

目录

绪 论

不忘初心 牢记使命

党的十八大以来，以习近平同志为核心的党中央高度重视反腐倡廉工作，通过强化教育、定规立矩、重拳反腐等手段，把全面从严治党不断引向深入，党风廉政建设和反腐败斗争取得了决定性胜利，营造了风清气正的政治生态和社会环境，为实现中华民族伟大复兴的中国梦奠定了坚实的政治基础。

实现中华民族伟大复兴的中国梦，关键在于培养和造就一支具有铁一般信仰、铁一般信念、铁一般纪律、铁一般担当的干部队伍，培养和造就有理想、有道德、有文化、有纪律的新一代社会主义事业接班人。干部队伍的廉洁自律，直接关系着党内风气、民心向背，直接关乎着党的公信力、党的形象，决定着党的群众基础。"四有"新人的廉洁实践，直接影响社会廉洁氛围，直接决定国民的整体素质。"不忘初心、牢记使命"主题教育的重点，就是教育引导广大党员干部保持为民务实清廉的政治本色，自觉同特权思想和特权现象作斗争，坚决预防和反对腐败，清清白白为官、干干净净做事、老老实实做人。因此，只有为民服务、勤政务实、敢于担当、清正廉洁的好干部，才能让人民群众真正感受到清正干部、清廉政府、清明政治就在身边、就在眼前。

党的二十大报告强调："青年强，则国家强。当代中国青年生逢其时，施展才干的舞台无比广阔，实现梦想的前景无比光明。"2014年5月，在北京大学师生座谈会上，习近平总书记指出："青年的价值取向决定了未来整个社会的价值取向，而青年又处在价值观形成和确立的时期，抓好这一时期的价值观养成十分重要。……青年要从现在做起、从自己做起，使社会主义核心价值观成为自己的基本遵循，并身体力行大力将其推广到全社会去。"习近平总书记还就如何树立和培育广大青年的社会主义核心价值观提出了四点要求：勤学——下得苦功夫，求得真学问；修德——加强道德修养，注重道德实践；明辨——善于明辨是非，善于决断选择；笃实——扎扎实实干事，踏踏实实做人。

大学是培养人才、传承文明、建设先进文化的重要场所，担负着培养社会主义合格建设者和可靠接班人的重任。在大学全面开展廉洁教育，是面向全社会开展反腐倡廉教育的重要组成部分，是加强大学生思想道德建设、全面推进素质教育的重要举措，是培育和谐校园文化、建设社会主义和谐校园的客观需要，是履行《联合国反腐败公约》规定的国际义务，是建立健全我国惩治和预防腐败体系的重要任务。2007年出台的《教育部关于在大中小学全面开展廉洁教育的意见》，明确了在大学全面开展廉洁教育的基本原则是：坚持与青少年思想道德建设相结合，坚持与和谐校园建设相结合，坚持与师德建设相结合，坚持与青少年的受教育程度和认知能力相结合。大学阶段廉洁教育的目标和主要内容是：以社会主义核心价值体系为引领和主导，加强法制和诚信教育，加强社会公德、职业道德和家庭美德教育，组织学习党和国家关于党风廉政建设和反腐败方面的方针政策、法律法规等，引导大学生树立报效祖国、服务人民的信念，不断提高大学生的道德自律意识，增强拒腐防变的良好心理品质，逐步形成廉洁自律、爱岗敬业的职业观念。

　　实践证明，开展廉洁教育丰富了大学生思想政治教育的内容，增强了广大师生的廉洁意识，有利于树立社会主义荣辱观，培养正确的世界观、人生观、价值观。净化了校园育人环境，促进了以廉为荣、以贪为耻，风清气正、和谐向上的校园风尚的形成。推动了师德师风建设，提高了学校的管理和服务水平。对家庭和社会的廉政文化建设产生了积极的作用。2021年，湖南省委和长沙市委分别发布了《中共湖南省委关于推进清廉湖南建设的意见》和《中共长沙市委关于推进清廉长沙建设的实施意见》，提出打造校风清净的清廉学校，把学校作为清廉单元的载体，通过实施"廉商培育"工程和"廉洁品牌'三个一'"工程，推进学生德育建设和校园文化建设；通过推进大学生廉洁教育、加强大学生优良学风建设和开展大学生职业素养培育，把清廉文化教育融入教育教学全过程，以加强学校思想文化阵地的建设。

　　高校应采取行之有效的方法和途径，通过思政教育、专业教育、社会实践和校园文化一体化体系，对大学生进行全方位的廉洁教育，使大学生牢固确立以诚实守信、廉洁自律为主要内容的核心价值观，树立科学的权力观、政绩观、事业观以及正确的是非观、义利观、荣辱观，形成正确的廉洁思想意识，具备拒腐防变的心理品质，提高识别腐败、杜绝腐败、监督腐败的能力。廉洁教育为大学生毕业后的职业发展和人生规划奠定坚实的思想基础，使大学生能够坚持正确的政治信仰、运用必要的廉洁技能、形成廉洁价值判断并理性认识腐败问题。在平凡的工作岗位上，时刻警醒自己自重、自省、自警、自励，既践行严以修身、严以用权、严以律己，又实现谋事要实、创业要实、做人要实，在实现中国梦的生动实践中放飞青春梦想，在为人民利益的不懈奋斗中书写人生华章！

第一章
大学生廉洁教育概述

1. 掌握大学生廉洁教育的内涵和发展；

2. 了解大学生廉洁教育的目的和意义；

3. 明确大学生廉洁教育的内容和方法；

4. 了解大学生廉洁教育存在的问题及对策。

花钱请"吃"当干部

李某是一所大学法律系 2019 级的学生，2021 年当选了学校学生会副主席。谈起自己当选的经历，李某毫不避讳地说："学生会干部的选拔采取公开选举制，我当时为了拉选票，请了很多同学吃饭。我从来也不觉得这有什么不好，社会上和学校里的一些人也这样做，我只不过是提前了一步而已。"李某还有些得意地说："我觉得有的同学在选举演讲时许下的那些承诺多数都是空口白话，最后真能实现的很少，绝对不如我请他们吃饭来得实惠。我估计同学们也都明白，要不然怎么选上我了呢！"

李某说他请客花了不少钱，但他觉得很值。他认为，现在毕业分配时，不少单位挑人时都看你是不是学生干部。他说："我这是做长线投资。"

但有同学反映，李某当选了学生会副主席后，对同学的态度就变了，对学生会副主席的分内工作并不尽职。更恶劣的是，他利用职务之便占公家和同学的小便宜。

案例思考：

很多同学都认为"廉洁"离自己很遥远，其实，"廉洁"就在我们身边。让我们来做一次小型调查吧。你觉得大学生廉洁教育有必要吗？你认为在大学期间应如何有效开展大学生廉洁教育呢？

第一节　大学生廉洁教育的内涵和发展

大学生承载着祖国的未来和民族的希望，是中国特色社会主义伟大事业的建设者和接班人。高校作为培养社会主义建设者和接班人的重要基地，担负着培养人才、传承文明、建设先进文化和服务社会的重任。加强大学生廉洁教育是进一步推进党风廉政建设的需要，也是加强和改进大学思想政治教育，促进大学生健康成长成才的需要。有效开展大学生廉洁教育，必须厘清大学生廉洁教育的内涵及其发展，结合当代大学生的心理和行为特点，有针对性地因材施教。

一、大学生廉洁教育的内涵

（一）廉洁

"廉洁"一词，《辞源》上解释为"公正，不贪污"；《辞海》上解释为"清廉，清白"，与"贪污"相对。用通俗的话说，廉洁就是不贪得、不妄取，不接受不应当的财物，公正清白，不受世俗丑行的污染。"廉洁"最早出现在战国时期伟大诗人屈原的《楚辞·招魂》中："朕幼清以廉洁兮，身服义而未沫。"意思是我年幼时秉持清廉的德行，献身于道义而不稍微减轻。孔子曾说，"临官莫如平，临财莫如廉，廉平之守，不可攻也"，意在告诫世人：面临着做官，没有什么比公平公正更得民心；面临着钱财，没什么比廉洁不贪更为可贵。一个人如果拥有廉洁公正的操守，就可以经受各种考验，立于不败之地。孟子主张"可以取，可以无取，取，伤廉。"意思是对可取可不取的东西，就不要去取，随便去取，就伤害廉洁。在中华传统文化宝库中，廉是清廉，就是不贪取不应得的钱财；洁是洁白，就是指光明磊落的人生态度。廉洁是中华民族的传统美德之一，是一个人安身立命的道德底线，也是当代大学生应具备的政治修养和品德情操。

大学生要大力弘扬中华民族固有的清正廉洁的传统美德。廉洁与贪污是正与反两个对立的概念，廉洁是内在品质和行为表现的综合概括。廉与洁是互为表现的：廉是一个人的外在表现，体现着这个人的文化影响，而洁是其内在品质的体现，是其能保持廉的内在动力。

所以，可以从以下几个方面来概括廉洁的内涵：与贪污相对，不贪不污；志气高洁，品行方正；节俭简约，朴实无华；求真务实，严于律己。

📙 **廉洁故事**

苏维埃国家银行行长毛泽民在中央苏区是廉洁自律的模范。他从不搞特殊，就连他的兄长、临时中央政府主席毛泽东前来视察时，他也绝对不用公费招待，有时仅是一杯白开水而已。

有一次，方志敏的胞弟、中共黎川中心县委书记方志纯，招待省委检查工作的领导吃了一碗米粉肉，到财务报账时，毛泽民坚决不同意，并严肃指出："现在是战争时期，我们不能乱花一个铜板，领导干部更要带头艰苦奋斗，不应该用公款招待。"他对方志纯说："志纯同志，这笔钱要从你自己的伙食费中报销！"

在毛泽民的率先垂范和严格要求下，苏区国家银行从未发生过贪污盗窃和行贿受贿案件。可见，当年的苏维埃政府被称为历史上空前廉洁奉公的政府，这是言之不虚的。

（摘自李晓巧：《一首山歌唱出"苏区干部好作风"》，《群众》2017年第14期）

（二）大学生廉洁教育

教育部早在2005年发布的《教育部办公厅关于在大中小学开展廉洁教育试点工作的意见》中就提出："大学阶段，主要教育学生自觉遵守法律法规和社会道德规范，切实增强反腐倡廉的自觉性。"可见，国家对大学生廉洁教育非常重视。不同专家学者从不同角度对大学生廉洁教育进行了定义：第一，大学生廉洁教育是指教育者用廉政文化的思想理论，对大学生施加有目的、有计划、有组织的影响，使大学生不断提高道德自律意识，增强拒腐防变的良好心理品质，逐步形成廉洁自律、爱岗敬业的职业观念的社会实践活动。第二，大学生廉洁教育是指教育者以社会主义核心价值体系为引领和指导，营造适合大学生廉洁品质形成的教育环境，对大学生进行廉政文化理论与实践教育，使大学生与教育者在教育环境中交互影响，促进自身廉洁认知、情感和践行能力等方面不断建构和提升的教育活动。

具体而言，大学生廉洁教育主要包含以下几个方面的内涵：一是大学生廉洁教育必须站在整个社会的高度来认识，以社会主义核心价值体系为引领和指导；二是大学生廉洁教育以廉政文化理论与实践为主要内容；三是大学生廉洁教育是教育者与受教育者的一种交互影响的实践活动；四是大学生廉洁教育的目标是促进大学生在廉洁认知、情感和践行能力等方面不断建构和提升。

综上所述，大学生廉洁教育主要是用廉政文化的理论内涵和社会道德规范对大学生施加影响，发挥廉政文化潜在的熏陶、引导、渗透力量，来感化、优化大学生尚未成熟的价值观，侧重于将敬廉崇洁的价值观内化为大学生人格的修养。

二、大学生廉洁教育的发展

长期以来，党和国家高度重视大学生廉洁教育，把大学生廉洁教育作为党的反腐倡廉建设工程。在加强思想政治教育的同时，专门出台了廉洁教育的系列政策文件，有效推动了大学生廉洁教育的深入发展。特别是党的十八大以来，习近平总书记高度关注青年大学生的成长成才，在全国教育大会、全国高校思想政治工作会议和学校思想政治理论课教师座谈会上发表的重要讲话，都紧紧围绕培养什么样的人、如何培养人以及为谁培养人这些根本问题进行系统论述，为全面推进大学生廉洁教育提供了根本遵循，也把大学生廉洁教育推上新的高度。

（一）大学生廉洁教育政策体系不断完善

党的十八大以来，在贯彻落实大学生廉洁教育政策文件精神的同时，国家层面又出台了相关的政策文件，有效推动了大学生廉洁教育的深入开展。2013年12月，中共中央办公厅印发《关于培育和践行社会主义核心价值观的意见》；2017年2月，中共中央、国务院印发《关于加强和改进新形势下高校思想政治工作的意见》；2017年12月，教育部发布《高校思想政治工作质量提升工程实施纲要》；2019年8月，中共中央办公厅、国务院办公厅印发《关于深化新时代学校思想政治理论课改革创新的若干意见》；2019年9月教育部印发《"新时代高校思想政治理论课创优行动"工作方案》；2021年7月中共中央、国务院印发了《关于新时代加强和改进思想政治工作的意见》。虽然这些政策文件没有直接明确大学生廉洁教育的具体内容，但都以更高的形式将大学生廉洁教育融合于其中，为高质量推进大学生廉清教育提供了制度保障。

（二）大学生廉洁教育活动蓬勃开展

截至2022年，教育部已连续举办了八届全国高校廉政文化作品征集暨廉洁教育系列活动，其中，第二至第八届分别以"中国梦·廉洁情""崇德向善·勤廉笃实""遵法·崇廉·明德""守规矩·倡廉洁·扬正气""讲修养·讲道德·讲诚信·讲廉耻""守初心、知敬畏、扬正气、担使命""廉洁润初心　铸魂担使命"为主题。系列活动以廉洁知识问答、表演艺术、书画摄影、艺术设计、网络新媒体等形式呈现，有效带动了全国高校的廉洁文化建设。在此基础上，很多高校结合本校实际，开展了丰富多彩的廉洁文化主题教育活动，如西北工业大学2018年开展的廉洁文化宣传教育月活动，以党课团课、入学毕业教育、日常教育、社会实践等为载体，开展宣传教育活动，增强大学生廉洁修身意识，树立良好学风；北京大学2018年开展的廉洁教育宣传月活动，通过"廉洁讲堂"系列讲座活动，提升全校师生的廉洁自律意识，积极培育和践行社会主义核心价值观。各高校开展的"廉洁教育系列活动""廉洁文化活动月""廉洁教育活动周"等活动主题鲜明、形式多样，有的已经形成独具特色的廉洁文化品牌，推动廉洁文化成为校园文化的主流，为建设廉洁校园营造了浓厚的文化氛围，也为大学生廉洁教育营造了良好的文化生态。

（三）大学生廉洁教育课程建设有效推进

廉洁教育课程建设是大学生廉洁教育进行的关键环节，是奠定廉洁教育地位的基础性工程。随着反腐倡廉的深入推进，高校廉洁教育课程建设也得到较好发展。据不完全统计，目前已有福建农林大学、清华大学、湖南大学、成都理工大学、南通大学、河南大学等多所高校先后开设了专门的廉洁教育课程。其中，南通大学利用"形势与政策"课程空间，开设"大学生廉政文化概论"课程，设置24学时，该课程目前已覆盖全体在校生；河南大学开设的"我国反腐败经典视频评析"选修课，广受学生欢迎，取得了良好的教育效果；福州大学于2018年开设的"大学生创业与廉洁教育"，是该校大学生廉洁教育的探索创新之举；北京青年政治学院将廉洁教育纳入大学生思政课，专门开发了大学生廉洁教育课程，从 2018 年开始纳入教学大纲，安排 2 个教学课时，实现大学生廉洁教育制度化、规范化；延安大学从 2017 年开始启动大学生廉洁教育课程教学，在大三学年第二学期开课，分为 4 个专题、2 次课堂讨论及实践教学，实现在校大学生廉洁教育的全覆盖；合肥大学在安徽省率先开设廉洁教育课程，于 2016 年开始对大二学生开设 4 个专题共 8 个课时的廉洁教育课程；济南职业学院从 2017 年起开设廉洁教育课程，共 9 个学时，其中专题讲授 4 个学时，廉洁教育主题活动 5 个学时。

（四）大学生廉洁社团和网站大量涌现

经过 10 多年的发展，大学生廉洁社团不断壮大，成为高校社团群体的重要组成部分，是大学生进行自我廉洁教育的重要平台，如广西师范大学的"漓江廉洁文化社"、兰州大学的"萃英崇廉社"、东北师范大学的"烛光映廉学社"、福州大学的"旗山惟廉社"、湖南大学的"湖湘廉风学社"、河南大学的"明德廉风学社"、西安理工大学的"清风尚莲学社"、北方工业大学的"毓廉社"等。它们各具特色，在大学生廉洁文化教育中发挥积极的辐射带动作用。

第二节　大学生廉洁教育的目的和意义

建立健全惩治和预防腐败体系，是党中央在总结历史经验、科学判断形势的基础上，对反腐倡廉工作作出的重大战略决策部署。高校是培养时代新人的重要基地，担负着培养中国特色社会主义合格建设者和可靠接班人的重任。在高校全面开展廉洁教育，是加强大学生思想政治教育的必然要求，也是面向全社会开展反腐倡廉教育的重要组成部分。

一、大学生廉洁教育的目的

知、情、意、行是构成人的思想品德的基本要素。廉洁作为人的思想品德的重要组成部分，自然也包含这四个基本要素。廉洁教育的目的就是要培养大学生的廉洁认知、廉洁情感、廉洁意志和廉洁行为，不断增强大学生的廉洁意识、提高大学生的拒腐防变能力，推动大学生形成正确的廉洁价值观，形塑大学生的廉洁素养。

（一）促进大学生的廉洁认知

"知"是廉洁认知，指大学生对廉洁准则、廉洁规范等观念体系的认识和在此基础上形成的个体观念，以及对廉腐、清浊、美丑等的评价。对大学生进行廉洁教育，就是要让他们正确认识"公与私""廉与腐""俭与奢"的关系，这种认识是形成正确的人生价值观和廉洁观的重要前提和基础，越是拥有机会、条件和权力，越要坚持清正廉洁的人生价值导向。目前，高校的廉洁教育效果还不够理想，与廉洁理论武装不够有直接的关系。随着全面从严治党的深入推进，一些新的形式主义和不正之风不时出现，对此我们绝不能回避，必须加以深入研究和理论阐述，用反腐倡廉的科学理论和实践成果，向大学生阐明廉洁人生价值观的基本内容和要求，与中国特色社会主义道路相配套的意识形态只能是坚持全面从严治党。高校廉洁教育必须明确回答这个问题，使大学生正确认识中国特色社会主义和全面从严治党之间的关系，认识党风廉政建设和反腐败斗争的长期性、艰巨性，这是大学生将来观察社会的基本方法和坚持廉洁自律的价值尺度。

（二）提升大学生的廉洁情感

"情"是廉洁情感，指的是大学生在廉洁实践中评价自己或他人的行为时，对廉洁准则、廉洁规范所产生的内心体验和感受。通过廉洁教育，让大学生体验到清正廉洁的积极意义，感受到清正廉洁的正面影响，从而对清正为人、廉洁做事产生积极的情感认同。积极的廉洁情感体验主要表现在对清正廉明、廉洁奉公、不徇私情的不懈追求，以及对贪污腐败、行贿受贿、吃拿卡要等腐败现象的极度憎恶，这些内心的情感体验对大学生廉洁价值观的形成具有重要意义，既是正确认识廉洁的产物，也是不断深化廉洁认知的条件。

廉洁价值观、廉洁规范作为一种意识形态，不会自动作用于大学生，只能通过日常交往和活动载体来进行固化。大学生在需要作出价值判断时，才能获得内心的廉洁情感体验，进而逐步掌握廉洁准则、道德规范和社会规则。这是提高廉洁价值判断能力的过程，也是解决内心矛盾的过程。所以，高校要把廉洁教育贯穿于人才培养的全过程，加强廉洁校园文化建设，努力构建"三全育廉"体系。

（三）增强大学生的廉洁意志

"意"是廉洁意志，指的是大学生内部的廉洁意向在向外部廉洁行为转化的过程中，克服困难和挫折时的顽强精神和不懈努力。高校通过开展廉洁教育，使大学生树立坚定的廉洁价值信念，在面临各种利益诱惑时，能够克服心理障碍，保持顽强的廉洁意志。在大学生的廉洁意志培育过程中，常常出现这样的情形，有时候坚持廉洁自律，有时候违反清正廉洁；有时候积极主动，有时候消极应对。这说明外部环境影响的复杂性，也说明大学生廉洁意志的磨炼是一个痛苦而复杂的过程。因此，对大学生的廉洁意志的培育，要有足够的耐心，要反复加强指导，让他们在多次反复的廉洁实践中获得积极的内心体验，才能不断强化廉洁的意志品质，在面临各种诱惑时，始终能够做到清正廉洁。

（四）强化大学生的廉洁行为

"行"是廉洁行为，指的是大学生的廉洁思想和廉洁意识的外在表征。通过廉洁教育，使大学生在日常的学习生活中，时刻保持廉洁自律、公正廉明，不做违背廉洁的事情，勇于抵制腐败并坚决与腐败行为作斗争。近年来，大学生的廉洁水平有所下降，其原因不仅在于对廉洁认识的不足，而且还缺少对廉洁行为的检验。大学生思想觉悟和廉洁素养的形成，就是要通过学习廉洁思想理论，提高对廉洁的认识，并在廉洁情感和廉洁意志的作用下付诸实践，最终转化为相应的廉洁行为习惯的过程。在大学阶段，由于学生的"三观"尚未完全定型，他们的理性认知和行为选择往往容易出现脱节。表现在他们既为廉洁奉公的英雄人物感动落泪，也对那些贪得无厌的腐败分子咬牙切齿，但在自己面对利益诱惑的时候，却也想通过不正当的手段去获取和享受。这些现象说明大学生的廉洁认知和廉洁实践、廉洁观念和廉洁行为之间还有相当大的差距。廉洁价值观的教育，必须抓住知与行的矛盾，高校、家庭、社会和媒体紧密配合，围绕廉洁价值观问题，开展丰富多彩的廉洁教育实践活动，让大学生在积极的情感体验中获得理性的认知，推动由知到行的转化；高校还可以通过可考评、可量化的措施，结合学校的规章制度和相关的廉洁法规，对大学生进行监督和约束，以促进知行合一。

二、大学生廉洁教育的意义

大力推进廉洁文化进校园活动，全面开展大学生廉洁教育，把其纳入整个反腐倡廉的大格局之中，这是我党反腐倡廉工作的深入与创新。在高校开展大学生廉洁教育，使当代大学生树立正确的世界观、人生观、价值观以及正确的事业观、权力观、地位观、利益观、交友观等，在大学校园环境中形成"以廉为荣、以贪为耻"的良好风尚和文化氛围，是一项刻不容缓的紧迫工程，具有十分重要的现实意义。

（一）大学生廉洁教育是传承中华民族廉政文化的重要方式

廉政文化是人们关于廉政的价值、观念、知识、规范及其行为方式的总和，是以廉洁从政为理念和目标，以廉政理论、廉洁思想、廉政制度、廉政纪律和廉政文艺等为表现形式的一种文化。社会主义廉政文化，是以培育立党为公、执政为民的理想信念为宗旨，以倡导廉洁奉公、弘扬清风正气为主要内容，以增强党的执政能力为目的，其核心在于树立正确的世界观、人生观、价值观和正确的地位观、权力观、利益观。大学生廉洁教育是廉政文化的表现形式，是传播廉政文化的重要方式，是廉政文化建设的一个重要组成部分。加强大学生廉洁教育，不仅能增强大学生的拒腐防变能力，为廉洁社会建设打下坚实的基础，同时还能够促进高校的廉政制度建设，进一步完善国家廉政制度体制，更能创造广泛的社会廉洁氛围，增强社会廉政文化的影响力，从而更好地传承中华民族廉洁文化，弘扬中华民族传统美德。

（二）大学生廉洁教育是建设社会主义核心价值体系不可或缺的重要环节

社会主义核心价值体系在中国整体社会价值体系中居于核心地位，发挥着主导作用，决定着整个价值体系的基本特征和基本方向。社会主义核心价值体系也是高校思想政治教育的核心部分，统领思想政治教育的各个方面。高校是先进文化的传播阵地，将廉洁文化引入高校，在廉洁文化和大学生的这一结合点上，探讨开展反腐倡廉的新途径和高校对大学生进行思想政治教育的新思路，将会极大地促进大学生思想道德建设，丰富大学生思想道德建设的内涵，由此探索出一条以高校廉政文化建设拉动素质教育发展的新路径。高校作为社会的一个子系统，必须从不同的视角，运用多种方法来研究高等教育，大学生廉洁教育作为高等教育的组成部分，是高校拓展思想政治教育新途径、创造新的德育形式的有效载体，是对高等教育研究的发展进步。大学生廉洁教育是当前高校思想政治教育的必然要求，也是必要措施。

（三）大学生廉洁教育是建立健全我国预防腐败体系的重要举措

2005 年 1 月，中共中央发布的《建立健全教育、制度、监督并重的惩治和预防腐败体系实施纲要》（以下简称《实施纲要》）明确要求，反腐倡廉教育要面向全社会，把思想教育、纪律教育与社会公德、职业道德、家庭美德教育和法制教育结合起来；大力加强廉政文化建设，积极推动廉政文化进社区、家庭、学校、企业和农村。党的十八大以来，在以习近平同志为核心的党中央的坚强领导下，我国的党风廉政建设和反腐败斗争取得了决定性胜利。除了重典治腐，还要不断建立健全反腐倡廉的教育、制度和监督体系，形成完善的惩防腐败体系。廉洁教育是惩防腐败体系建设的基础性工程，只有坚持标本兼治、综合治理、惩防并举、注重预防的方针，才能从根本上杜绝腐败问题的发生。大学生作为社会主义建设者和接班人，对他们进行廉洁教育，是建立健全预防腐败的必然选择，是治本之策，也是建设"廉洁中国"的客观要求。

（四）大学生廉洁教育是实现高校人才培养目标的重要举措

2016 年 12 月，习近平总书记在全国高校思想政治工作会议上强调指出："教育兴则国家兴，教育强则国家强。……实现中华民族伟大复兴，教育的地位和作用不可忽视。"作为国家最宝贵的资源，人才始终是国家综合实力与核心竞争力的决定性因素，新时代的大学生就是我国重要的人才资源。2018 年 10 月，习近平总书记在全国教育大会上再次强调，要培养德智体美劳全面发展的社会主义建设者和接班人。这是高校人才培养的根本任务。大学生作为国家的未来、民族的希望，他们的廉洁素养关乎党的事业是否后继有人，关乎中国特色社会主义事业的兴衰成败，更关乎中华民族伟大复兴中国梦的实现。因此，高校要把大学生培养成为理想远大、信念坚定、政治合格、作风正派的合格人才，使他们能够与时代同步伐、与祖国共命运、与人民同呼吸共奋斗。这就要求高校加强大学生的廉洁教育，以增强他们的廉洁自律意识，提高他们的拒腐防变能力，使他们树立"以遵纪守法为荣、以违法乱纪为耻"的荣辱观。在"思廉、敬廉、畏廉、崇廉"中成长成才，才能实现高质量的人才培养目标。可以说，加强大学生廉洁教育是中国特色高等教育的重要特征。

（五）大学生廉洁教育是推动高校思想政治教育创新发展的应有之义

习近平总书记多次强调："高校思想政治工作关系高校培养什么样的人、如何培养人以及为谁培养人这个根本问题。"要正确回答这个根本问题，就必须不断创新高校的思想政治教育，把思想政治教育作为新时代铸魂育人的核心任务。从 2007 年起，廉洁教育已在全国的大中小学全面开展，经过 10 多年的实践探索，已经形成了较为完善的廉洁教育体系，并取得了良好效果。但从高校大学生廉洁教育的现状来看，大学生廉洁教育尚未得到足够重视，主要表现在还没有具体的目标、完善的内容、有效的方法和科学的评价等，甚至面临边缘化、淡化、虚化的风险，导致大学生屡屡出现违反廉洁的行为，如考试作弊、请客送礼、阿谀奉承、违反学术道德等。虽然廉洁教育已经融入高校思想政治教育体系，但是廉洁教育有其自身的教育特征和方法要求，应该予以凸显，打造具有中国特色的大学生廉洁教育体系，这样才能取得真正理想的教育效果。

（六）廉洁教育是保证大学生健康成长的防腐剂

对大学生进行廉洁教育是将全社会反腐倡廉的预防教育的"关口"前移，是一项具有前瞻性的、从源头上遏制腐败现象的重要举措，是对他们进行的一种人格上的教化，有助于抵制腐朽思想，对净化社会风气，陶冶学生情操有重要作用。学生不是终身职业，而是各种职业的预备队。推进廉洁教育进高校，让大学生在尚未进入社会时，接受廉洁教育，具备抵抗腐败的免疫力，确保其能够成为健康积极向上的社会建设主导力量。目前，高校大学生在成长过程中，面临着诸多环境问题。在对大学生进行教育的过程中，思想政治教育、心理健康教育并不是与专业知识教育有着同等的分量。甚至，思想政治教育与心理健康教育不断地弱化，或者流于形式。在这种环境当中，部分大学生偏离了健康成长的轨道。因此，对大学生加强廉洁教育，扭转他们的"官本位"思想、享乐主义思想、拜金主义思想等，提高大学生的道德自律和拒腐防变意识，使他们逐步形成廉洁自律、诚实守信的良好品质，对大学生思想素质的提高起到十分关键的作用。

第三节　大学生廉洁教育的内容和方法

大学生廉洁教育的内容和方法是高校廉洁教育系统中最重要的因素，是高校廉洁教育目的和任务的具体化，决定了大学生廉洁教育的特殊本质，制约着大学生廉洁教育各要素及其功能的发挥。

一、大学生廉洁教育的内容

大学生廉洁教育内容由多个要素按照特定的层次结构组合而成，要素之间相互联系、相互作用，准确把握大学生廉洁教育内容，是增强高校廉洁教育效果和提高大学生廉洁素养的内在要求。大学生廉洁教育的内容包括诚信教育、法治教育、廉洁理论教育、职业道德教育、党规党纪教育、廉洁价值观教育、拒腐防变能力教育。

（一）诚信教育

诚信即诚实守信，是社会主义核心价值观中个体层面的重要内容，是中华民族的传统美德之一。古今中外，人们对诚信的推崇与追求从未间断，涌现出无数赞美诚信的名言警句和经典故事。孔子认为"人而无信，不知其可也"；孟子认为"诚者，天之道也；思诚者，人之道也"；莎士比亚认为"失去了诚信，就等同于敌人毁灭了自己"；德莱塞认为"诚实是人生的命脉，是一切价值的根基"。可见，诚信是做人的根本，是廉洁价值观的重要内核。

诚信教育是廉洁教育的基础，主要包括以下几个方面：一是学习诚信。通过诚信教育让大学生认识到诚信对个人学业发展的重要意义，认识到违反学业诚信的严重后果，从而树立起遵守纪律、勤学苦练、求真务实等学习诚信意识。二是生活诚信。通过加强大学生在师生交往、生活消费、网络生活等领域的诚信教育，培养大学生坦诚相待、理性消费、文明上网等诚信品质。三是职业诚信。职业诚信教育是高等教育必不可少的重要环节，通过就业诚信、创业诚信等方面的教育，培养大学生如实填写就业材料、正确处理就业契约关系、遵守职业道德规范等。

（二）法治教育

法治教育是大学生廉洁教育的主导内容。党的十八大以来，习近平总书记就全面依法治国进行了系统论述，为大学生廉洁教育提供了根本遵循。习近平总书记强调，"要坚持法治教育从娃娃抓起，把法治教育纳入国民教育体系和精神文明创建内容，由易到难、循序渐进不断增强青少年的规则意识"，[①]"要加强法治宣传教育，引导全社会树立法治意识，使人们发自内心信仰和崇敬宪法法律"[②]。党的十九大报告明确强调要"提高全民族法治素养和道德素质"。党的二十大报告指出，要"深入开展法治宣传教育，增强全民法治观念"。为此，高校应把法治教育融入大学生的廉洁教育当中，提升大学生的廉洁法治意识。

在高校廉洁教育中，对大学生的法治教育主要包括以下几个方面：一是法治价值观教育。通过法治价值观教育，让大学生充分认识到遵纪守法的重要意义，培养大学生的法治观念、权益意识和程序意识，让法律成为大学生为人处世的衡量标准。二是法律知识教育。通过对法律知识的学习，让大学生熟悉掌握《中华人民共和国宪法》《中华人民共和国民法典》等基本的法律法规，并用于指导实践、辨别是非。三是反腐倡廉法律法规教育。这是高校廉洁教育的内在要求，如《中华人民共和国监察法》《中国共产党纪律处分条例》等，让大学生通过学习，深刻认识到反腐倡廉不仅是对党员的要求，也是对所有行使公权力的公职人员的要求。因为部分大学生将来可能就是行使公权力的公职人员，所以在大学阶段接受与廉洁相关的法律法规教育，是大学生廉洁教育的必然要求。

（三）廉洁理论教育

廉洁理论包括古今中外的廉洁理论思想，特别是中国共产党在党风

---

① 《习近平谈治国理政》第二卷，外文出版社 2017 年版，第 122 页。
② 《习近平谈治国理政》第二卷，外文出版社 2017 年版，第 135 页。

廉政建设和反腐败斗争实践中总结形成的廉政思想理论。理论学习是大学教育区别于其他教育的显著特征，对大学生进行廉洁理论教育，有助于丰富大学生的思想理论基础，也有助于我国廉洁理论的创新和发展。通过廉洁理论学习，大学生能够了解到古今中外的廉洁思想发展脉络，熟悉我国党风廉政建设和反腐败斗争的历程，掌握新时代党和国家反腐倡廉的做法和经验，不断增强大学生的理论自信，增强大学生对反腐倡廉工作的认同。

　　大学生廉洁理论教育，包括以下几个方面。一是习近平总书记关于反腐倡廉的重要论述。党的十八大以来，习近平总书记就党风廉政建设和反腐败斗争发表了一系列重要讲话，涉及政治建设、思想建设、组织建设、作风建设、制度建设、纪律建设等多个方面，形成了站位高远、内涵丰富、思想深邃、逻辑严密的反腐倡廉思想理论体系，表达了我党正风肃纪、反腐倡廉的坚定决心，也是对人民、对历史负责的郑重承诺，具有鲜明的政治性、时代性和先进性。这是大学生廉洁教育的核心内容，也是新时代高校廉洁教育的根本遵循。二是党的十八大以前我国反腐倡廉的思想理论，包括中国古代的反腐倡廉理论和中国共产党诞生以来的反腐倡廉理论。中国古代的反腐倡廉理论，虽然是建立在维护统治和巩固政权的基础之上，但其历经数千年实践而形成的重法惩治理念、防腐制度体系和廉政监察机制等，对我们现今的反腐倡廉仍具有重要的借鉴意义，正所谓"以史为鉴，可以知兴替"。中国共产党自诞生以来，就旗帜鲜明地把廉洁写在自己的旗帜上，把廉政建设作为立党的重要基石，把反对腐败作为重要的执政理念。在百余年的反腐倡廉实践中，中国共产党不断丰富和发展了马克思主义廉洁观，形成了中国特色社会主义反腐倡廉思想理论体系，这是高校廉洁教育的重要内容。三是其他国家反腐倡廉的理论。西方国家在反腐倡廉理论研究和制度建设方面都取得了丰富的成果。西方国家的反腐倡廉理论，也为大学生廉洁教育提供了有益参考，要结合实际有选择有批判地借鉴和吸收。

（四）职业道德教育

党的十八大以来，习近平总书记多次强调职业道德的重要性，为高校加强大学生职业道德教育指明了方向。在 2018 年 9 月召开的全国教育大会上，习近平总书记强调："教育引导学生崇尚劳动、尊重劳动，懂得劳动最光荣、劳动最崇高、劳动最伟大、劳动最美丽的道理，长大后能够辛勤劳动、诚实劳动、创造性劳动。"这其中就彰显出鲜明的职业道德意蕴和要求。新时代的大学生，肩负着推动实现"两个一百年奋斗目标和中华民族伟大复兴的中国梦"的重要使命，必然要求其具备高尚的职业道德和情操。

对大学生进行职业道德教育，一要帮助大学生树立爱岗敬业的责任意识。以忠于职守和勇于担当增强主人翁精神，以诚实守信和办事公道提升职业尊严和职业荣誉感，以勤业、精业强化职业规范意识。二要引导大学生认识到职业只有分工不同，没有高低贵贱之分。任何工作的存在都有不可替代的价值和意义，都是推动经济社会发展不可或缺的重要组成部分。不论从事什么工作，在政治和人格上都是平等的，只要作出成绩，对社会有所贡献，都会得到肯定和尊重。三要在高校中大力弘扬劳动精神。通过组织大学生参加社会实践活动来提高其廉洁素养。劳动和廉洁素来相伴相生，没有劳动的获得，就不知道廉洁的可贵，因此，培养大学生的劳动精神有助于提高他们的廉洁素养。

（五）党规党纪教育

党规党纪教育主要包括党风廉政建设和反腐败斗争的方针政策、法律法规、规章制度等方面的教育，特别是《中国共产党廉洁自律准则》《中国共产党纪律处分条例》《中国共产党党内监督条例》《关于新形势下党内政治生活的若干准则》等最新的党规党纪，要让大学生了解反腐倡廉在制度建设方面的具体内容，掌握党规党纪的有关知识，学习党规党纪的有关理论，并自觉遵守党规党纪，形成廉洁自律的道德品质，为他们的健康成长铺平道路。

对大学生进行党规党纪教育，既要突出重点对象，又要注重全面覆盖。一是加强大学生党员的党规党纪教育，把大学生党员培养成为严守党规党纪的先进典型，发挥他们的模范带头作用，从而引领更多大学生廉洁自律、遵纪守法。二是结合党规党纪加强学生干部的作风教育和纪律教育，引导他们形成求真务实、开拓进取的学习作风和勤俭节约、艰苦奋斗的生活作风等，树立廉洁自律意识，追求公平正义价值，增强拒腐防变能力，发挥学生干部的模范带头作用，从而带动更多学生廉洁修身、诚信做人，并坚决同违反廉洁的行为作斗争。三是加强对普通大学生的纪律教育。以党规党纪教育为引领，加强普通大学生的校纪校规教育，培养他们的规则意识和纪律意识，不断提高其廉洁道德境界，共同营造良好的学风、校风。

此外，加强大学生的党规党纪教育，还要让大学生了解纪检监察机关如何进行党风廉政建设和反腐败斗争，不断增强大学生对纪检监察工作的认同感和敬畏感，并使其积极参与到反腐倡廉建设的具体实践中。

（六）廉洁价值观教育

当前，大学生的廉洁价值观问题主要表现在三个方面：一是存在跟从心理。如有的大学生看到别的同学通过"潜规则"得到某种好处时，自己也跟着运用起所谓的"潜规则"。二是存在侥幸心理。如通过不正当手段获得某种好处而不被发现时，就会变得更加胆大妄为，陷入想办法搞变通、钻空子、耍花招的思想误区而不能自拔。三是存在逐利心理。如有的学生干部为了自身利益，学会了钻营权术、阿谀奉承，甚至生活腐化。畸形的廉洁价值观模糊了美与丑、廉与贪、正与邪之间的边界。最可怕的腐败是思想的腐败，相对于廉洁作风建设和廉政制度建设，这是一场没有硝烟但影响深远的力量角斗。因此，加强大学生的廉洁价值观教育是更基础、更深层次的廉洁教育和价值观塑造。

对大学生进行廉洁价值观教育，一是要重拳击破陈旧的思想束缚。坚持以社会主义核心价值观为引领，旗帜鲜明地倡导清正廉洁，坚决反对贪污腐败，不仅要讲深讲透，而且要通过实践加以深化。不能让不正之风在大学校园滋生蔓延，努力营造风清气正的校园文化环境。二是要加强大学生的理想信念教育。所谓"物必先腐，而后虫生"，大学生违纪违规行为的发生，除了制度、管理、文化等方面的因素影响之外，还与自身的思想受侵蚀、价值被扭曲密切相关。因此，必须以理想信念教育来提升大学生的廉洁价值意识，增强大学生对廉洁与腐败的价值判断和选择能力。三是加强传统廉洁文化教育。通过借古鉴今、创新发展，把传统廉洁文化与新时代廉洁文化有机结合起来，融入高校思想政治教育当中，让大学生从礼义廉耻的思想文化中吸取"静以修身、廉以养德"的精神养分，不断增强他们的廉洁价值理念。四是加强校园廉洁文化建设。以"四有"好教师为抓手，加强师德师风建设，营造风清气正的校园文化生态，教化和带动大学生树立正确的廉洁价值观。

（七）拒腐防变能力教育

加强大学生的拒腐防变能力教育，就是要教育大学生如何识别腐败、如何预防腐败以及如何拒绝腐败，这更多地体现为实践能力的教育，可从以下几个方面入手：首先，让大学生深入了解校园的腐败行为。在大学生活中，考试作弊、学术不端、弄虚作假等是常见的校园腐败行为，通过教育让学生了解这些腐败现象为什么发生、怎样发生，掌握拒绝腐败行为发生的能力，使他们明辨是非、分清廉耻，不断增强拒腐防变能力。其次，要教育大学生了解社会的腐败行为。虽然在校大学生与社会上的腐败问题关系不大，但大学生是未来的社会工作者，让他们提前了解社会上走后门、找靠山、拉关系、贪污受贿等腐败行为，以及掌握如何抵制这些行为发生的能力，对他们将来走上社会避免"被围猎"具有重要的现实意义。最后，鼓励大学生积极参与反腐倡廉实践。让大学生了解纪检监察机构的组成和运行情况，掌握举报腐败行为的途径和方法，通过参与反腐倡廉实践，不断提高大学生的拒腐防变能力。

二、大学生廉洁教育的方法

大学生廉洁教育方法是廉洁教育的基本要素，在廉洁教育过程中起到桥梁和纽带作用，是实现廉洁教育目标的重要手段。大学生廉洁教育方法既包括思想政治教育通用的方法，也包括基于廉洁教育特殊功能的方法。大学生廉洁教育方法要取得效果的最大化，必须遵循既定的基本原则，体现方法运用的可行性、科学性和艺术性。具体来说，大学生廉洁教育的方法主要包括以下几种。

（一）廉洁理论灌输法

廉洁理论灌输法是指廉洁教育主体根据廉洁教育目标要求，向大学生传授廉洁廉政理论知识，引导大学生在理论知识理解和运用的基础上树立廉洁价值观的方法，主要包括理论讲授、理论学习、理论宣传、理论培训、理论研讨等具体形式。廉洁理论灌输法是大学生廉洁教育最基本的方法，也是最常用的方法。运用廉洁理论灌输法，就必须注意以下几点：一是注重发挥大学生的主观能动性。新时代的大学生主体意识更加明显，他们对教师传授的思想和理论体现为主动认识、自主选择和自我接受。因此，我们不能把大学生当作是放置廉洁思想和理论的容器进行随意灌输，而应采取更有利于大学生学习和接受的廉洁理论灌输形式。二是注重理论联系实际。要结合新时代大学生的学习和生活实际、思想和心理实际，引导他们运用马克思主义廉洁观、新时代反腐倡廉思想来观察腐败现象、分析腐败问题和解决腐败问题，要坚持正面说理、以理服人。三是教育者必先受教育。要想用科学的廉洁思想和理论武装大学生，教育者就必先用这个思想和理论武装好自己。因为廉洁理论灌输法不仅要求教育者能够全面准确地理解和把握廉洁思想和理论体系，而且要求教育者成为廉洁思想和理论的坚定信仰者、忠诚实践者。

（二）廉洁实践锻炼法

廉洁实践锻炼法是指廉洁教育主体按照廉洁教育的目标要求，组织大学生参加各种廉洁教育实践活动，通过廉洁实践活动引导他们不断增强廉洁意识和提高拒腐防变能力。运用廉洁实践锻炼法时，要注意以下几点：一是选择合适的廉洁实践锻炼方式。即要结合大学生的不同层次、具体的教育内容和教育目标等因素来选择。如对大学生党员进行廉洁实践锻炼，其要求就会更高，需要学生党员对党规党纪有系统的知识储备和准确的理论解读，可以组织他们深入社区、单位开展党规党纪宣传教育活动。二是廉洁实践锻炼要持之以恒。高校要经常性地开展廉洁教育实践活动，使大学生在反复的实践锻炼中不断提高廉洁认知，并将廉洁行为规范转化为廉洁信念，最终形成正确的廉洁价值观。三是建设廉洁实践锻炼教育平台。如建立大学生廉洁教育基地、大学生廉洁教育社团、大学生廉洁教育网站等，为开展线上、线下丰富多彩的廉洁教育实践活动创造条件，确保大学生廉洁实践活动的常态化、制度化开展，提高廉洁教育的互动性和趣味性，发挥廉洁实践锻炼在增强廉洁意识和提高拒腐防变能力方面的独特作用。

（三）廉洁警示教育法

廉洁警示教育法是指通过课堂剖析腐败典型案例、观看廉政警示教育影音、旁听法院公开审判腐败案件、到看守所或监狱听腐败犯罪人员"现身说法"等途径对大学生进行廉洁教育的方法。这会让大学生在廉洁警示教育中以案为鉴、警醒反思，深刻认识腐败行为给个人和家庭带来的危害，从而促进大学生"知敬畏、存戒惧、守底线"，在思想上筑起拒腐防变的"防火墙",确保他们走上工作岗位后不敢腐、不想腐。警示教育法是廉洁教育特有的教育方法。对大学生进行廉洁警示教育,应遵循以下要求:一是廉洁警示教育案例的选择要符合大学生的实际。不是所有的腐败案例都能够拿来警示大学生,而是要结合大学生的思想特点和心理需求,选择对大学生真正具有警示、震慑和教育作用的腐败案例,避免因乱用警示案例而对大学生的思想和心理造成负面影响。二是开展廉洁警示教育要注意针对性。即对不同的学生群体、不同的年级阶段、不同的学科专业等进行廉洁警示教育要有所区别。如对即将毕业的大学生,就要选择与其就业和职业相关的腐败案例进行警示教育;对新生进行的廉洁警示教育,就宜选择与大学生学习生活相关的腐败案例。三是廉洁警示教育要经常性开展。如果在整个大学阶段只开展一两次廉洁警示教育,其效果和意义并不大,因此,要建立大学生廉洁警示教育的常态化机制,持续发挥警示教育在大学生廉洁教育中的独特作用,对于促进大学生增强廉洁意识、树立正确廉洁价值观和提高拒腐防变能力具有重要的现实意义。

(四)廉洁榜样示范法

廉洁榜样示范法是指以具有廉洁榜样性、示范性的典型人物及其事例对大学生进行示范和引导,发挥典型人物的示范和感染作用,帮助大学生学习榜样、模仿榜样,向榜样看齐,进而提高廉洁思想境界和规范自身廉洁行为的教育方法。运用廉洁榜样示范法对大学生进行廉洁教育,要注意以下几点要求:一是榜样的选择和宣传要实事求是。具体来说,就是对榜样人物及其事迹的选择和宣传要真实、可信,避免"高大上"的形象塑造和虚假宣传，这样才能通过榜样力量发挥价值导向作用，才能让大学生可学、愿学。二是要发挥大学生身边廉洁榜样的示范作用。近年来，各地各高校都大力开展"勤廉榜样"评选活动，这是很好的社会风气，对反腐倡廉建设起到重要的推动作用。三是要立体化宣传廉洁榜样。随着新媒体时代的到来，大学生获取信息的途径发生了重大变革，"两微一端"成为大学生了解社会、获取信息的主要途径和平台，高校应顺势而为，借助网络新媒体评选和宣传廉洁榜样，让廉洁榜样与大学生零距离接触和互动，提高大学生的参与度。四是廉洁教育主体要成为廉洁榜样。教育者首先要洁身自好，当好廉洁榜样，这是最基本的要求。

（五）廉洁自我教育法

　　廉洁自我教育法也是大学生廉洁教育的重要方法。它指的是大学生按照廉洁教育的目标要求，通过自我学习、自我约束、自我反省等方式，主动接受和内化廉洁理论知识、廉洁价值观念、廉洁行为规范等，不断提高自身的廉洁思想认识和学习廉洁自律意识的方法。开展大学生廉洁自我教育，要注意以下几点：一是善于激发自我教育动机。追求公平公正是新时代大学生重要的价值取向，这就是大学生的内在动机，而公平公正需要每个人遵守规则、共同反对"潜规则"，廉洁教育主体要以此为自我教育的动力源泉，激励大学生不断实现自我发展、自我完善。二是营造良好自我教育环境。要结合自我教育的不同形式，开展丰富多彩的廉洁教育活动，努力营造公平正义、清正廉洁的自我教育环境，不断提高大学生的自我教育质量。三是有机融合个体自我教育和集体自我教育。要以集体的组织建设为切入点，建设公平公正、团结和谐的集体，使每个学生都能在集体中受到感染和熏陶，并在集体性的廉洁教育活动中引导每个学生明确廉洁修身的目标和方法，推动形成既合乎集体又合乎个人的廉洁道德规范和廉洁行为习惯。

（六）廉洁心理辅导法

大学生廉洁心理辅导法是指高校廉洁教育主体通过语言、文字等交流媒介，针对大学生在廉洁思想、廉洁心理和廉洁行为等方面出现的认识问题，提供相关的心理咨询、意见建议和价值引导，帮助大学生端正廉洁态度、增强廉洁情感和巩固廉洁行为的教育方法。运用廉洁心理辅导法，要注意几点要求：一是要构建良好的人际关系。即建立廉洁教育主体和大学生之间良好的人际关系，廉洁教育主体要努力营造轻松和谐、民主平等的交流氛围，让大学生彻底放下心理包袱，为有效辅导创造良好条件。二是集体辅导与个体辅导相结合。既采取课堂教学的方式对大学生进行集体化廉洁心理辅导，也采取个别谈话方式对大学生进行个性化的廉洁心理辅导，以实现两者的有机结合。三是走专业化心理辅导之路。目前，很多高校的心理健康教育中心都承担着大学生的心理辅导任务，为与大学生廉洁教育有效衔接，高校要推动廉洁教育主体同时成为称职的心理咨询教师，也要让心理咨询教师掌握廉洁教育的相关知识和基本方法，共同构建专业化的廉洁心理辅导体系。

💡 廉洁微活动

查找资料，并结合亲身体验，列举高校领导和师生中存在的违反廉洁纪律和法规的问题，并剖析问题背后的深层次根源。

第四节　大学生廉洁教育存在的问题及对策

一、大学生廉洁教育存在的问题

（一）大学生廉洁教育资源有限，专业师资匮乏

我国大学生廉洁教育资源有限，主要体现在廉洁教育的师资培养上。目前国内还没有设置廉洁类学科专业，廉洁类人才的培养往往只能在研究生教育中通过挂靠管理学、法学、政治学等方式进行，或是通过自主设立国际反腐败法制与合作、纪检监察学等二级学科专业，或在现有学科专业中设置廉洁类方向。大学生廉洁教育往往由思想政治理论课的教师承担，但部分教师既缺乏廉洁理论知识的更新，也缺乏一线的廉洁实践经验。大学生廉洁教育队伍建设上所存在的问题主要体现在三个方面：一是人员建设有待加强。现有进行大学生廉洁教育的人员结构没有体现身份多样性、年龄合理性的要求。二是教育技能建设有待加强。大学生廉洁教育是个系统工程，也有着自身独有的特征，所以大学生廉洁教育过程中必须有独特的教育手段，参与大学生廉洁教育的教师和管理者必须掌握大学生廉洁教育规律、原则、方法。三是思想作风建设亟待加强。身教重于言教，大学生廉洁教育工作者的思想作风如何将直接影响大学生廉洁教育的效果。所以，针对大学生廉洁教育队伍的思想作风问题，必须立即采取强有力的措施。

（二）大学生廉洁教育目标定位不准确

大学生廉洁教育目标的设定，直接影响大学生廉洁教育的内容。教育部发布的《关于在大中小学全面开展廉洁教育的意见》中，将大学生廉洁教育的主要目标和内容归结为"以社会主义核心价值体系为引领和主导，加强法制和诚信教育，加强社会公德、职业道德和家庭美德教育，组织学习党和国家关于党风廉政建设和反腐败方面的方针政策、法律法规等，引导大学生树立报效祖国、服务人民的信念，不断提高大学生的道德自律意识，增强拒腐防变的良好心理品质，逐步形成廉洁自律、爱岗敬业的职业观念"。这一定位从立论角度而言，是以大学生未来从业主体身份来确立的；从最终结果而言，是以大学生形成廉洁职业道德为目标。身份的单一化和目标的道德化导致大学生廉洁教育只注重塑造廉洁职业人，而忽略了廉洁公民的培养，只诉诸情感道德价值观的培养，忽视了廉洁技能的培养。

（三）大学生廉洁教育实效性不强

目前，多数高校的廉洁教育工作流于形式，大学生廉洁教育的主要载体是"报告讲座"，接受廉洁教育的主渠道依然是"各种媒体"。大学生廉洁教育实效性不足主要源于：（1）对大学生课堂教学这一主渠道缺乏有效的利用，多数高校对于大学生的廉洁教育基本以开展项目活动为主；（2）缺乏结合专业的分类廉洁教育，目前高校的廉洁教育是通识性教育，而结合大学生专业风险领域的教育教学则相对匮乏。

二、大学生廉洁教育发展的对策

（一）注重人才培养，建设专业化廉洁教育师资队伍

教育教学与科学研究的深入有赖于该领域教育教学和科研人员本身的知识水平。在我国专业化廉洁教育人才培养的发展受限的情况下，专业化廉洁教育师资队伍的建设一方面需要完善组织建设以凝聚人才队伍；另一方面需要注重非学历教育与学历教育相结合。

1. 完善专业化廉洁教育师资队伍的组织建设

首先，高校应专门设立廉洁教育教研室，通过提供资金、技术等各种保障，形成稳定的、专门的廉洁教育教师队伍。在大学生廉洁教育资料相对缺乏的情况下，由教研室组织撰写相应的符合区域地方特色和学校专业性质的大学生廉洁教育教材。通过教研室内部的研讨会和各种活动，对廉洁教育的内容、方法等进行研讨。其次，可考虑成立具有相应编制的廉洁教育研究中心（所）等。该类廉洁教育研究中心，既可以承担相应的廉洁教育科学研究的任务，同时又可以承担学校内部大学生的廉洁教育任务。通过廉洁教育研究促进廉洁教育教学，以廉洁教育教学实现廉洁教育研究的转化。

2. 注重非学历教育和学历教育相结合

在廉洁教育师资缺乏的情况下，高校可以通过非学历教育培养廉洁教育师资，具体可以通过访学进修、培训讲座、挂职锻炼等多种途径来实现。一方面高校可将有意愿致力于廉洁教育和研究的教师通过国内外

请学、骨干教师进修等方式推荐到廉洁教育研究较好的高校进行学习提升；另一方面可通过外引的方式聘请国内学者进行相关的廉洁教育讲座和培训。此外，由于廉洁和反腐败是一门实践性较强的科学，高校可以推介具有廉洁教育研究志向的教师到党政部门挂职锻炼，以增强其对廉洁问题的认识程度和研究深度。

从长远看，廉洁教育师资队伍的培养，应当主要依托学历教育。从国内外的整体情况来看，社会对于廉洁教育人才的需求将越来越趋向于专业化。在国内，最高人民检察院和中国人民大学开展了"反贪硕士"方向的联合培养工作；在国际上，由联合国毒品与犯罪问题办公室、欧洲反诈骗局与奥地利政府等共同成立了全球性的国际反腐败学院，该学院开设了反腐研究硕士课程，其毕业文凭与其他欧洲大学硕士生毕业文凭一样获得了国际认可。

（二）注重大学生的双重主体身份，科学定位大学生廉洁教育的目标和内容

所谓大学生的双重主体身份，指从法律角度而言，大学生具有国家公民资格，享有宪法和法律所保障的政治、经济、文化和社会权利；从社会分工角度而言，大学生在步入社会后，必然会作为一个从业者从属于某一特定职业和行业领域。

步入社会的大学生是从业者主体身份和公民主体身份的双重统一。从业者主体身份是大学生未来步入社会推动自身发展、获取物质资源的必要性身份，其主体身份特征确定为为完成相应工作而在其职业范围内具有相应的权力，因此从业者主体身份往往是制度约束的主要对象，是

腐败行为主体；公民主体身份是大学生未来步入社会维护基本权利的必要性身份，公民主体身份确定了其对公共权力机关和人员有批评、建议、申诉、控告或者检举等公民监督权利，是社会监督中的主要力量，是廉洁社会的社会基础。

因此，大学生的廉洁教育必须注重从从业者主体和公民主体两个主体身份角度确定大学生廉洁教育的目标和内容。就大学生廉洁教育目标而言，从业者主体身份的廉洁教育主要应以形成廉洁自律、爱岗敬业的职业观为主要目标；而公民主体身份的廉洁教育主要应以提高公民廉洁意识为主要目标。就大学生廉洁教育的内容而言，从业者主体身份的廉洁教育应以法治教育、道德教育为主要内容；而公民主体身份的廉洁教育主要应以提升公民的反腐败参与意愿与提高公民的反腐败参与能力等方面的教育为主要内容。

大学生是社会中的一股清泉，这股清泉还要在社会的江河中保持坚定立场，如果大学生在校园中就垮掉了，汇聚成的江河一定是污浊的。因此，强化高校大学生廉洁意识就显得格外重要，大学生们要在在校期间，就有意识地提升自身廉洁建设水平，提高拒腐防变的能力。大学生有了廉洁的素养才有可能实现人生价值、人生目标和远大理想。反之，必将被人淘汰、被社会淘汰、被历史淘汰。强化大学生本人对自我廉洁教育的重视，当然也是高校和教师的责任，也是对学校发展负责和对国家负责。在高校进行廉洁教育过程中，应将社会主义核心价值观放在教学的首位。构建与强化大学生群体廉洁行为规范，需要在帮助、引导大学生群体构建全面系统的廉洁价值观的前提下，引导大学生群体不断规范自身行为，使其个人发展更加适应学校要求、适应社会需要，树立勇于担当、乐于奉献、风清气正的学习生活价值观。同时在其他课程的教学与实践中巧妙将廉洁理论与具体案例进行结合，为高校大学生群体输入易于接受的廉洁教育内容，进而帮助大学生群体尽快尽早地自觉接受良好的廉洁教育。

（三）注重廉洁教育"双结合"，逐步提升教育的实效性

一方面，大学生廉洁教育要确立第一课堂教学与第二课堂相结合原则。课堂教学是大学生廉洁教育的主渠道，是传播廉洁理论知识和技能、提升大学生思想道德的关键点。全面的课堂教育应该涵盖以下内容：廉洁政治学，其主要内容是从政治学角度对国家、政府、政党、个人等不同主体及其相应的权力、廉洁、腐败等问题的阐述；廉洁史学，主要内容为中外廉洁发展的历史及其特点；廉洁行政管理学，主要内容包括管理体制、监督机制等；廉洁法学，主要内容为廉洁相关法律法规及其从业守则。在理论教学的同时，应积极发挥第二课堂的优势。通过组织第二课堂，对大学生进行廉洁技能的培养和廉洁意识的提升。高校可以以服务地方社会经济发展为契机，与党政部门协同，组织学生分赴纪委、检察院、法院等参观学习，提升大学生的廉洁技能和意识。

另一方面，大学生廉洁教育要确立公共教学与专业教学相结合的原则。所谓大学生廉洁教育的公共教学，指通过与已有公共课程相结合或独立设置公共课程的形式，对大学生进行廉洁知识和技能的教育；所谓大学生廉洁教育的专业教学，指根据大学生所在的专业领域，通过专业基础理论课或独立设置专业廉洁课程，对该专业领域的风险点、关键环节进行相关的廉洁知识和技能教育。大学生廉洁教育的公共教学是对大

学生进行相关廉洁知识和技能的通识化教育，大学生廉洁教育的专业教学则是从从业者的主体身份进行专门的专业技能培养。随着廉洁教育的发展和深入，结合大学生的专业对该领域的高发、易发腐败环节提供相应的知识和技能培训，是廉洁教育的必然趋势。

此外，高等学校要充分发挥党委在大学生廉洁教育工作中的领导核心作用，构建纵向有领导、横向有沟通的大学生廉洁教育领导机构，形成党委统一领导、党政齐抓共管、纪委部门组织协调，以及有关部门各司其职、密切配合的全校师生共同参与的领导体制。把大学生廉洁教育纳入高等学校廉政文化建设的整体规划，以丰富大学生思想政治教育的总体规划，并将大学生廉洁教育与大学生思想政治教育共同部署、协作、检查和落实。

拓展阅读

微媒体时代高校廉洁教育的主要路径

第一，搭建以廉洁教育为主题的微平台，完善廉洁教育体系。一方面，随着微媒体的飞速发展和普及运用，应用微媒体平台进行廉洁教育是教育发展的必然趋势，高校要做好微媒体平台廉洁教育的顶层设计，规划廉洁教育的资源管理、数据库管理、小程序开发、栏目设置、在线交流和疑问解答、工作人员和师资的学习培训等各个方面工作，要真抓实干，赢得时间、抢占工作先机。另一方面，课堂是高校思想政治教育的主阵地，课堂也是廉洁教育的主渠道，我们不能放松课堂上对大学生的廉洁教育，要上好廉洁教育课，把握住廉洁教育的主阵地、主渠道和主动权。以课堂教育为主，兼具灵活多样、随时在线的微媒体平台教育，使得廉洁教育形成完备的教育、教学体系，让廉洁教育真正做到贴近学生、贴近生活，让廉洁教育真正入脑、入心、入行。

第二，加强廉洁教育工作的领导和教师队伍建设。高校廉洁教育要取得良好的效果，领导和教师是关键性的因素。高校加强廉洁教育工作要建立以校纪委领导下的由思想政治理论课教师，各学院分管学生工作的院长、书记、辅导员、班主任为主的师资队伍。高校微媒体教育队伍的职责是用正面思想和先进文化教育和引导大学生，增强他们分析问题、解决问题的能力及抵制不良言论和错误言论的分辨力；帮助大学生在面对微媒体平台鱼龙混杂的信息环境中学会正确辨识事物，分析问题，树立正确的人生观、世界观和价值观；分析大学生在微媒体时代廉洁教育的现状和存在的问题，积极地、超前地作出应对措施；科学把握网络信息时代下舆情发展规律，研究因势利导、化解问题的方法，运用现代化的技术手段，增强微媒体时代廉洁教育工作的时效性、针对性和适当性。

第三，以社会主义核心价值观为核心加强廉洁教育的深度和广度。社会主义核心价值观是对我国当代社会价值引领的综合概括，其中也蕴含了对崇尚廉洁的价值引领。廉洁教育和一般意义上的知识、技能教育不同，其具有明确的价值观教育，廉洁不仅关系个人的生活、生命的价值和意义，而且关系国家、社会的发展和进步，大学生在内心建立廉洁的价值观，是实现富强、民主、文明、和谐，自由、平等、公正、法治，爱国、敬业、诚信、友善的社会主义核心价值观的基础和前提。正确的价值观是大学生辨别是非对错、抵御腐败的重要精神力量，在纷繁复杂的信息社会和真伪难辨的现实生活中，在价值观教育中加强廉洁教育，强烈的崇尚廉洁的精神理念能够使大学生的意志逐渐坚定，克服内心的私欲与贪欲，抵挡腐败思想、欲望的侵蚀和诱惑。廉洁教育是我国社会主义核心价值观教育的有效方式，因此加强大学生的廉洁教育让大学生成为廉洁的响应者、参与者，成为实现国家层面、社会层面和公民个人层面的最大价值的践行者和推动者。

第四，强化信息监管机制，杜绝虚假信息、负能量的传播扩散。微媒体是一个"人人都有麦克风，人人都可当记者"的时代，这样的传播方式和情境打破了单向性和权威性的信息发布机制，信息的真实度、可信度大大降低，一些被有意夸大或缩小的信息，或者恶意虚构的信息都有可能在微媒体平台上传播，给大学生的健康成长造成不良影响。这就要求教育者和受教育者及时沟通、平等对话，特别是面对多样化的需求、多元化的利益、多形式的表达、多种类的信息的时候，我们要强化信息监管，杜绝虚假信息、负能量的传播扩散。首先，加强信息监管和舆情分析，引导大学生正确认识微媒体平台上廉洁教育的"先进报道"和"反面事例"，不要盲目转发、点赞，成为"愤青"，理性面对微媒体舆论。其次，运用朋辈力量，培养微媒体的"意见领袖"，引领微媒体正能量，由于学生干部、学生党员、入党积极分子、理论学习骨干和文体积极分子活跃于现实生活中和微媒体平台上，在学生群体中具有号召力和一定的影响力，他们作为大学生群体的一部分，熟悉大学生们的生活特点，了解大学生们的需求和想法，掌握大学生们的语言，他们的天然优势和自觉的行动力使他们成为高校廉洁教育微媒体平台的生力军。

第五，增强大学生网络媒介素养的培育，提高大学生查询、筛选、运用信息的能力，把信息的廉洁价值和自身的成长价值、成才价值联系起来，积极、正确地应对消极、负面信息。

（作者根据相关资料整理）

💬 思考练习

1. 结合自己的亲身体验，试述大学生廉洁教育的重要性和必要性。

2. 举例说明大学生廉洁教育的内容和方法。

3. 试述大学生廉洁教育存在的问题及对策。

4. 如果你在校园中遇到领导和师生存在廉洁方面的问题，你会怎么处理？为什么？

第二章

大学生廉洁教育的理论基础

> 1. 掌握中国传统廉政文化；
>
> 2. 理解马克思主义廉政思想；
>
> 3. 理解新时代廉政文化建设；
>
> 4. 学会借鉴其他国家廉政建设理论与实践。

包拯三弹张尧佐

包拯廉洁公正、立朝刚毅，不附权贵，铁面无私，且英明决断，敢于替百姓申不平，故有"包青天"及"包公"之名，京师有"关节不到，有阎罗包老"之语。后世将他奉为神明崇拜，认为他是奎星转世。由于民间传其黑面形象，亦被称为"包青天"。

张尧佐是宋仁宗的宠妃张贵妃的伯父，此人胸无点墨，但是官瘾甚大。他自恃宋仁宗宠爱张贵妃，贪得无厌，一而再、再而三地向朝廷要官，引起了朝廷的非议。皇祐二年（公元1050年），仁宗再次提升张尧佐，任命他为三司使，掌管全国的财政经济大权。一时间朝野震惊，舆论大哗。包拯知道后极力反对，立即上书弹劾："像张尧佐这样的平庸之辈，就连芝麻小官也没资格做，更不用说'三司使'这样的大官了。再说他是因为贵妃得宠而跻身要职，这样会在朝廷埋下外戚篡权的祸根。"以此请求罢免张尧佐。仁宗迫于压力，罢免了张尧佐的三司使之职。但不久之后，仁宗出尔反尔，又恢复了以前的任命。包拯非常痛心，第二次上书反对。仁宗非常恼火，感到自己连个亲戚也任命不了，一气之下对张尧佐大封特封，使他一下子身兼三司使、宣徽南院使、淮康军节度使、景灵宫使四个要职。张尧佐一身任四使，在北宋外戚史上是空前绝后的一次。这使得他更加耀武扬威，趾高气扬。包拯怒不可遏，再次奏本弹劾，并当面斥责皇帝的偏执之过。包拯因为言辞激烈，连唾沫星子都溅到了仁宗的脸上。仁宗迫于强大的舆论压力，只好免去张尧佐宣徽南院使等两职，同时规定外戚不得干预朝政。这就是历史上著名的"包拯三弹张尧佐"的故事。

（作者根据相关资料整理）

案例思考：

"开封有个包青天，铁面无私辨忠奸。"当这首熟悉的旋律响起时，大家都会不由自主地想到一身正气、铁面无私的黑脸包公。传统廉政人物包拯的故事，以及流传至今的"文死谏武死战""当官不为民做主，不如回家卖红薯"之类的俗语中，蕴含了中国传统廉政文化中的什么思想内涵？你觉得现如今，是否有必要坚守中国廉政文化传统？当代大学生要如何践行中国廉政文化？

第一节　中国传统廉政文化

中国传统廉政文化是中国优秀传统文化的重要组成部分，在习近平总书记对反腐倡廉建设的重要论述中，经常引经据典，充分展现中国的文化自信和文化自觉，其"经"和"典"，就是中国传统廉政文化的代表。中国传统廉政文化源远流长，形塑了中华民族的廉洁气质。中国传统廉政文化对新时代大学生廉洁教育具有重要的借鉴意义。

一、中国传统廉政思想

（一）先秦时期

先秦时代属于廉政思想的奠基阶段，可划分为原始社会末期、夏商西周时期和春秋战国时期。

1. 原始社会末期——廉政意识萌芽期

中国上古时期五位最具影响力的部落或部落联盟首领即为黄帝、颛顼、帝喾、尧、舜，其所处时代为原始社会向奴隶社会的过渡转变期。尧、舜设立谏鼓和谤木，反映了原始社会民主议政的古风，体现了他们"为民公仆"的廉政思想，为后世廉政建设和廉政实践提供了宝贵的经验。尧非常善于听取别人意见，遇事就咨询他的主要顾问四岳的意见，即使这样，还是担心决策有失误，在宫中听不到人民的意见。于是，他在宫门外设立了一面大鼓，如果有人想直言进谏，就敲鼓求见。这就是谏鼓，亦即后世登闻鼓的前身。舜又扩大了提意见的范围，他担心自己有过失，人们无法当面指出而在背后议论，就在交通要道旁竖立一根木柱，上面横绑一块木板，让人们将他的过失尽情地写下来。这就是谤木，也叫诽谤木，后来演化为华表。

2. 夏商西周时期——廉政思想发源期

西周时期，随着国家机器的日益完善，廉政思想逐步形成，其最重要的开创者和最主要的代表人物就是周公。真实的周公，姓姬，名旦，也称叔旦，是周文王的第三子、周武王的胞弟，是我国奴隶社会最著名的政治家、思想家之一。他曾协助周武王灭商。周武王去世后，即位的周成王年幼，周公摄政，曾带兵平定商人的叛乱，加强了宗族的团结。他大力推行宗法制、分封制和井田制，为巩固西周王朝的统治作出了重大贡献，促成了西周初年的"成康之治"。周公虽然没有明确阐述廉政的命题，但是在他的言论中提出了许多重要的廉政主张。周公一生讲"德"最多，虽然不是历史上第一个提出或强调"德"的人，却是历史上第一次明确提出"敬德""明德"并将统治者的"德"上升到直接关系国家政权安危层面的人，这是中国思想史上的一次伟大进步。周公提出的"明德"就是要求统治者加强自我克制，实行德治，把注意力转向缓和社会矛盾，注重政治清明，做到廉洁从政。因此，"明德"是周公廉政思想最重要的内容，也是加强廉政建设的基本措施。围绕"明德"，他主张敬天保民、慎用刑罚、任用贤明、勤于政事，表露出较为强烈的廉政意识。

3. 春秋战国时期——廉政思想发展期

在春秋战国时期，不仅廉政的概念正式得以提出，其内涵也随着诸子百家的论战而越来越丰富。由孔子创立的儒家学派，继承和发展了西周的礼治思想，提出了维护礼治、主张德治、依靠人治的系统的廉政思想，成为当时对廉政思想贡献较多的学派；以墨翟为代表的墨家提出了"兼爱"为社会理想的廉政思想；以老子、庄子为代表的道家学派主张顺应自然、无为而治的深层次廉政理念；以商鞅、韩非为代表的法家学派提出了主张法治、重视刑赏的廉政思想主张。这些廉政思想都对后世产生了深远的影响。总体来说，春秋战国时期诸子百家的廉政思想，在继承的基础上有了进一步的发展，突出表现在法治内容的不断丰富和发展上，从而初步形成了"德法并举"的廉政思维模式，构成了后世廉政的基本框架。

在我国先秦社会时期，诸子学派就如何实现廉政问题纷纷直抒己见，构成了百家争鸣中的一道独特的风景，尽管学派不同，但各派对廉政的认识几乎是趋于一致的——廉政必须解决好爱民、举贤和法治等问题。先秦诸子对廉政的认识，不仅在当时达到了相当高的水平，而且在今天仍然具有重要的价值。

（二）秦汉时期

秦汉时期，儒家思想从先秦诸子百家中脱颖而出，取得了"定于一尊"的地位，成为官方的统治思想，这一时期的廉政思想也随之不断发生变化。

1. 秦朝

秦王朝历经 15 年的统治，虽然在中国历史上存在时间短，犹如昙花一现，但却开启了中国封建社会廉政思想及制度建设的先河。在官吏的选拔、任用、监察、考核和升迁等各个环节都注重廉洁因素，把"治吏"

作为廉政建设的重点，从而使秦朝的廉政建设从思想到制度都体现了严刑峻法的法家精神。一是建立了比较完备的官吏管理制度，包括对官员的选拔、任用、考核、奖惩等制度；二是建立了比较完整严密的从中央到地方的监察制度。

这是秦朝廉政最成功的经验，也是对后世影响最大的一个方面。客观地看，秦朝监察制度确已构建了我国封建制度下监察体制的基本框架。汉朝以后，历代王朝的监察体制就是在保持秦制的基本框架下不断完善的。因此，它有首创之功。

2. 汉朝

汉朝不仅"汉承秦制"，注重廉政制度的建设，还开创了一些重要的廉政制度，把春秋战国时期理论形态的廉洁文化上升为封建统治阶级的意识形态，倡导廉洁政治，践行廉洁理论，成功地进行了廉政建设实践。文景之治时期，廉政建设的主张和措施主要包括以下四点。

一是天下以俭。文帝和景帝都大力提倡节俭，直接影响着当时的政风、民风，这也成为"文景之治"的重要原因之一。二是选任以廉。汉朝在官吏的选用上特别重视廉治，强调为官必须是贤良方正、直言极谏之士。三是监察促廉。汉承秦制，不仅在全国建立了一套从中央到地方再到基层的强有力的监察系统，而且还制定了专门的监察法规，试图以制度规范官员的行为。四是重典惩贪。西汉王朝制《汉律》以立法的形式对职官严加约束，防止渎职贪污。

💎 **精选案例**

"匈奴未灭，何以家为？"——霍去病拒住豪宅

霍去病（公元前 140—前 117 年），河东平阳（今山西临汾西南）人，西汉名将、军事家，官至大司马骠骑将军，封冠军侯。他是名将卫青的外甥，善骑射，用兵灵活，注重方略，不拘古法，勇猛果断，善于长途奔袭、快速突袭和大迂回、大穿插作战。他初次征战即率领 800 骁骑深入敌境数百里，大获全胜，把匈奴兵杀得四散逃窜。在两次河西之战中，他大破匈奴，夺取匈奴祭天金人，直取祁连山。在漠北之战中，霍去病封狼居胥，大捷而归。

霍去病出身贫寒，少年时期曾在贵族家中做过奴仆。后来，他的姨母卫子夫做了汉武帝的皇后，霍去病才进入朝廷做了侍中。地位变了，但他仍然廉洁自俭，从来不曾沉溺于富贵豪华，也不像一些贵族子弟那样花天酒地、寻花问柳，而是将国家安危和建功立业放在首位。霍去病虽然官位很高，但住宅非常一般，汉武帝为了奖励他，派人在长安为他修造一座豪华的住宅。住宅修好后，汉武帝十分高兴，他特意带霍去病一起去参观这所新住宅。汉武帝兴致勃勃地说："大司马，你可知这宅第是为谁修的？"霍去病心中虽猜到几分，但还是说："不知，皇上未曾告知下臣。"汉武帝哈哈大笑起来，说："爱卿，现在我要告诉你，这所漂亮的宅院是专为你修造的！"霍去病听罢，脸上不仅未流露出什么喜悦，反而断然拒绝，汉武帝有些奇怪，问："怎么，你不喜欢？"霍去病恳切地说："皇上，匈奴未灭，何以家为？您对我的恩赐我心领了！但这所豪华的住宅我不能接受。这是因为，我仅是

暂时击退了敌人，尚未完全消灭敌人。既然大敌仍然存在，我怎能忘记国家大事，去追求个人安逸生活呢？"汉武帝望着霍去病，心中不禁百感交集，一时不知如何说才好。

（作者根据相关资料整理）

（三）魏晋南北朝时期

魏晋南北朝300多年分裂割据、民族碰撞、朝代更替频繁、时局动荡。这个时期的廉政思想也随之不断变化，主要是由一些有作为的政治家以及自身廉洁俭约的文武百官共同谱写的。

1. 三国时期

（1）曹操：主张"人为贵""将贤则国安""上下知制"等廉洁思想，并重拾"法用"大旗惩办豪强和贪官污吏，"以俭率人""不拘一格选人才"的任用廉吏主张，体现了他的政治主张和政治理想。

（2）诸葛亮：一生"鞠躬尽瘁，死而后已"，以勤政名留青史，被誉为"千古良相"。任蜀汉宰相14年间，诸葛亮不仅能够体恤民情、廉洁奉公，而且要求蜀汉朝廷的各级官员也努力做到"清心寡欲，约己爱民"；他还以执法严明著称，制定了《蜀科》，造就了史上少见的廉政时代。

（3）孙吴时期：孙吴四帝立国59年（自公元222年算起），对官僚大族采用优容政策，同时，为了加强集权，整肃吏治，做了不少有利于廉政的事情，诸如严峻刑法、举罪纠奸，却多以失败告终。

（4）曹魏时期：为了加强监察制度，在幕府中设立校事、刺奸二官，令其行使监察权。提出了政绩考课法，虽由于世家大族们的极力反对，最终没能实行，但加强了对官吏行为规范的法律规定，官吏居官要依令而行。有令可依，就在很大程度上限制了官吏的言行举止，使他们不能胡作非为。

2. 两晋时期

东晋时期的廉政主要体现在限制官僚世族的特权上。经过土断和税制改革，官吏丧失了免税特权，既打击了豪强，也使国家增加了收入。发布的禁止官吏私占山泽的诏令，史称"壬辰诏书"，在一定程度上扼制了官僚世族势力的发展。

西晋时期，针对当时贪污贿赂奢靡的现状，统治者为了维护自己的统治，维护社会秩序，吸取了历代反腐立法的教训和经验，在打击整治范围上持续发力。例如，推行俸禄制度，禁止地方官员私自筹集，一律改为由中央政府定期发放。颁布惩治贪污法令，规定凡弄权枉法、贪污国家财物达到一定程度的，一律处死。地方官员升迁不再按年资核定，只有政绩突出者升迁，否则不予提拔，等等。但由于积重难返，西晋最终还是很快灭亡了。

3. 南朝

（1）刘宋的廉政举措。宋武帝刘裕是一个比较严明和节俭的皇帝。政从己出，注重吏治，采用缩短官吏任地方官的时间，使其频繁迁转，用以防范官吏过分搜刮民财和在管辖地过分为非作歹。宋文帝刘义隆即位后，在刘裕倡廉的基础上继续进行改革，选派廉洁的官吏出任地方长"遣使行郡县，访求民隐"，加强对官吏为政情况的监督。然而，由于刘宋的俸禄制度沿袭西周，是一个十分不完善的制度，特别是允许官吏自行解决俸禄问题，在一定程度上助长了官吏的贪污不法行为。

（2）萧齐的君臣倡廉。齐高帝萧道成十分重视廉政问题，为了保证廉洁政策的推行，下令不准百官搜刮民财；禁绝珠宝金玉，不准向百官进献奢侈器物；临终还留下遗言，不用宝物陪葬，务求俭约。廉政效果一度比较明显，一改刘宋末年贪污腐化之风，出现了一批不以聚敛为意的廉吏，保证了当时安宁的社会秩序。

4. 北朝

十六国后期，鲜卑拓跋部建立的魏国，逐渐统一了中国北方，史称北魏。后来北魏分裂为东魏与西魏两个政权，不久，又分别被北齐、北周所取代。北魏（包括东魏、西魏）与北齐、北周诸代，统称北朝，前后延续160余年。北朝的廉政，可分以下几个阶段。

（1）北魏前期。北魏前期的社会形态是一个不完备的封建制与不完备的奴隶制并存的社会。不仅国家机器有待进一步强化，各项制度也很不完备。肃贪倡廉的主张不错，但由于当时担任各级官职的鲜卑贵族仍保留着不少奴隶制的习俗，对封建制度法令尚不熟悉，因而贪赃枉法在官吏中已经形成风气。

（2）北魏中期。北魏中期是北魏吏治的最佳时期。推行的廉政措施包括：颁行俸禄制度，为官员发放俸禄，解决官员生计问题；加强对官吏政绩的3年一考核；将廉洁奉公作为官吏任免升降的标准，"显拔清节，沙汰贪鄙"；开相告之制，询问守宰善恶；增设监御曹，罢候官之制；明确规定贪赃枉法的处罚标准，"赃满一匹者死"等。采取的是一些根本性的措施，从而使中央集权得到强化，造成了"食禄者跼蹐，赇谒之路殆绝"的局面。

（3）北魏末期。西魏有文帝元宝炬采纳宇文泰的"二十四条新制"和"十二条"新制作为"中兴永式"颁于天下，并选拔贤才担任州牧、郡守、县令，又有苏绰的"六条诏书"提出君主与官吏要"躬行廉平，躬行俭约"，这些都对改变北魏末年以来的吏治腐败，防止官吏的贪惰不法起到了积极的作用。

📚 **拓展阅读**

魏晋南北朝官员的俸禄

孝文帝时，国家改行俸禄制，均田制颁布后，又对地方官员按职别高下，分别授予公田作为俸禄。刺史15顷（每顷100亩），太守10顷，治中、别驾各8顷，县令、郡丞6顷。公田不许买卖，离职时交递下任官吏，北周北齐也大致如此。然而，这一时期不论是秩禄还是俸田，都是按照国家"九品中正制"来实行的，在九品之内的官国家才给予俸禄，不入品的和下属吏胥的俸禄国家并不负责，仍由地方政府筹措。曹魏时发放粟米为俸禄，至西晋实行占田制，国家按官品各地分别授予职田和谷帛，授田标准为：一品50顷，二品45顷，以下每品递减5顷，至九品10顷，各食其租。《晋书》中记载禄秩有：

诸公及开府位从公者，品秩第一，食奉日五斛。太康二年，又给绢，春百匹，秋绢二百匹，绵二百斤。元康元年，给菜田十顷，田驺十人，立夏后不及田者，食奉一年。

特进品秩第二，食奉日四斛。太康二年，始赐春服绢五十匹，秋绢百五十匹，绵一百五十斤。元康元年，给菜田八顷，田驺八人，立夏后不及田者，食奉一年。

光禄大夫与卿同秩中二千石，食奉日三斛。太康二年，始给春赐绢五十匹，秋绢百匹，绵百斤。惠帝元康元年，始给菜田六顷，田驺六人。

尚书令，秩千石，食奉月五十斛。太康二年，始给赐绢，春三十匹，秋七十匹。绵七十斤。元康元年，始给菜田六顷，田驺六人，立夏后不及田者，食奉一年。

左右尚书仆射，食奉月四十五斛。

（作者根据相关资料整理）

（四）隋唐时期

1. 隋朝

隋朝是在结束了中国历史上几百年的分裂割据局面之后建立起来的统一王朝，共 37 年。隋文帝杨坚统治时期，行之有效的廉政措施包括：提倡节俭、奖掖清廉、轻徭薄赋、放宽刑罚、打击贪吏、颁布新律（《开皇律》）；开创性设计包括：改革中央体制、确定三省六部制为朝廷官制、加强了对地方的监督；建立有利于实行廉政的职官制度：精简机构、减少官员，官员回避制度、年考核制度，废除九品中正制、建立科举制。但到暴君隋炀帝杨广统治时期，严重破坏了隋文帝时期所取得的廉政成就。

2. 唐朝

唐朝是中国封建社会的鼎盛时期，共 289 年。唐太宗统治时期的政治，是中国封建社会历史上最清明廉洁的时期之一，史称"贞观之治"。"贞观之治"的廉政成就突出，不仅在理论上是系统完整的，在实践上也是成功的，形成了一种自上而下、君臣共奉廉政治国的自觉意识与行为。主要表现为以下几个方面。

一是注意改善统治者与人民的关系，主张戒奢尚俭，尤其强调最高统治者本身的廉洁效应，甚至把节俭与否提到了关系国家兴衰存亡的高度来认识，这是贞观廉政思想的重要特点之一。

二是注重廉政的法制建设，对职官队伍的各种管理，从事前选拔，到事中监察，再到事后考核，每一个环节上都制定或完善了相关的法律制度，其完备和成熟程度为前朝所不及，也为后继封建王朝树立了样板。

三是立法宽简，执法严格。惩贪肃贿、涵盖廉政的立法达到了最完备成熟的阶段，《唐律疏议》是我国现存最早、最完整的成文法典，是中国法制史上一座不朽的丰碑。

四是从谏如流，有错就改。唐朝不仅对群司百僚有约束，对帝王君主也有制度约束，形成的是以门下、中书两省为核心，以左归门下、右归中书作两翼，一套齐整的独具特色的谏官集团及谏官制度。

（五）宋元时期

1. 辽国

辽国是我国古代的少数民族——契丹族建立的国家。从辽太祖到辽景宗的几个时期，在廉政方面都建树不多。直至辽圣宗耶律隆绪即位，辽国由奴隶制向封建制转化，迎来了辽国历史上政治最清明的时期。辽国历史上在位最久的皇帝辽圣宗，在位 49 年，其廉政措施深得人心：一是更定法令，详慎用刑，公元 1016 年甚至出现了全国诸道监狱皆空、无囚可系的局面，这在封建社会中是难以见到的；二是重农劝桑，救济贫民，蠲免租赋；三是选贤任能，整饬吏治。在辽圣宗的倡导下，清廉成为社会风气。然而，自辽圣宗以后，辽国便走向衰落。辽兴宗、辽道宗时期尽管也颁布过不少有关廉政的法令，但收效甚微。

2. 宋朝

北宋初年，政治比较清明。首先得益于宋太祖赵匡胤俭约自持，以身作则，自觉抵制奢侈生活的诱惑，倡导廉洁之风，加之刻意整顿吏治，奖廉肃贪雷厉风行。其次是宋太宗赵光义在位 21 年间，廉政做得较好，一是广开言路，虚心纳谏。二是自奉俭约，树立榜样。三是严惩贪污，毫不姑息。四是考核官吏，审慎用人。五是刑罚公平，清除滞狱。最后就是宋代历史上在位最久的皇帝宋仁宗赵祯，他倡导奖廉黜贪，在位 41 年间，出现了一大批廉洁清明、勤于职守的官吏，诸如范仲淹、包拯、欧阳修、王安石等。

3. 金国

金国是我国古代的少数民族——女真族建立的国家，可分为四个时期。第一个时期是金太祖至金熙宗时期，金熙宗采取了一些改革措施整顿吏治。诸如采用汉官制；设行台尚书省；施行"天眷新制"，颁行《皇统制》等。出现了"风雨时，年谷丰，盗贼息，百姓安"的局面，一时廉吏辈出。第二个时期是金世宗时期，这是金国历史中最辉煌的时期，出现了"躬节俭，崇孝悌，信赏罚，重农桑，慎守令之选，严廉察之责"的局面。第三个时期是金章宗时期，金章宗励精图治，政治清明，尤其重视对达官显宦的各种约束。第四个时期是金国末年，政治腐败，社会动荡，廉政全无。

4. 元朝

元朝从建国号为元算起只存在了 97 年。其中，元世祖忽必烈在位的 34 年，是元治最清明的时期。据记载，廉政措施主要包括：一是规定了官吏升迁任用的五条标准，分别是——户口增、田野辟、词讼简、盗贼息、赋役均。五条都作出成绩的人升一等，其中三项作出成绩的人依常例迁转，一件也未办好的人黜降一等。二是禁止官吏侵渔百姓，地方官员的职责是保境安民，对于玩忽职守者，元世祖规定"即须审其所由，依理究治"。求仕官员如果大设宴乐请托，即与贿赂无异，当该官吏并求仕人员一体究治。此外，元朝一名官员张养浩写的《三事忠告》，通过对地方官员、监察官员和中央官员的德行和职事的阐述，真诚劝诫各级官员忠于职守、勤政爱民、廉洁奉公、善于自修，系统阐述了其自身的廉政思想，这不仅代表了元朝时期廉政思想的最高成就，而且成为我国廉政史上一笔宝贵的精神财富。

（六）明清时期

1. 明朝

明朝是我国君主专制走向集权的朝代，这一时期以儒家学说为基础的廉政思想在明代推行的文化专制政策中得到了进一步发展，核心内容仍然是安养民生、任贤纳谏、倡廉惩贪、整肃吏治、崇尚节俭等，经由朱元璋、张居正、顾炎武、王夫之等廉政观念的表达，明朝廉政文化呈现出多样性、复杂性的风貌，这是历史上其他任何朝代难以比拟的。这首先得益于明代开国之君朱元璋及其辅臣，其廉政思想在中国廉政文化史上占有相当重要的地位。主要表现在三个方面：一是民为邦本，与民休息；二是勤谨为政，躬行节俭；三是倡廉惩贪，严整吏治。朱元璋在位期间，惩处贪官污吏之严厉、杀戮贪官污吏之多，可谓历史上首屈一指。

朱元璋不仅立下了"杀尽贪官"的决心，而且还展开了一系列刚猛作为：第一，建立了全面系统的廉政法律体系。第二，初步建立了包括都察院、六科给事中和提刑按察司在内的严密的廉政监督机构。第三，形成了高效缜密的廉政考评环节。选官以荐举、学校和科举三途并用。考核分为考满（针对每个官员分别进行的专门考核）与考察（针对全体官员进行的统一考核）。第四，形成了惩贪建廉的廉政奖惩机制。

 **精选案例**

明朝反腐大案推动大写数字强制使用

不管是阿拉伯数字（1、2、3……），还是汉字数字（一、二、三……），都由于笔画简单，容易被涂改伪篡。所以，一般文书和商业财务票据上的数字都要采用大写汉字数字：壹、贰、叁、肆、伍、陆、柒、捌、玖、拾、佰、仟。大写数字是中国特有的数字书写方式，这些汉字的产生很早，用作大写数字，属于假借。这种方式利用与数字同音的汉字取代数字，以防止数目被涂改，是劳动人民在长期的实践中发明出来的。武则天承袭了民间的写法，大量使用大写数字，使之广泛化、普及化。朱元璋出于国家对经济领域的整饬，下令在全国范围内大规模强制性实施完整的大写数字，从而完善并规范了大写数字的应用。

　　明朝时期，朱元璋下决心大力整饬经济领域，是因为当时的一件重大贪污案"郭桓案"。明朝政权建立之初规定：每年全国各布政使司、府、州、县，都要派计吏到户部呈报地方财政的收支账目及钱粮数。各级政府之间及与户部之间的数字，必须完全相符。稍有差错，即被退回重报。由于地方与京城相距遥远，为节省时间，免去路途奔波之苦，各地便带上了盖有官印的空白账册。如被退回，则随时填写更正。又因为空白账册上盖有骑缝印，不能做别的用途，户部也就没有干预。

　　洪武十八年（公元 1385 年）三月，户部侍郎郭桓特大贪污案东窗事发，震惊全国。郭桓勾结刑、礼、兵、工等六部办事的官员及各省官僚、地主，贪污税粮及鱼盐等，折米二千四百余万石。这差不多和当时全国秋粮实征的总数持平！除此之外，还侵吞大量宝钞金银。

　　贪官们就是利用空白账册做的文章。各部串通一气，大做假账，以此欺骗皇帝，鱼肉百姓。朱元璋龙颜大怒，下令把郭桓等六部的十二名高官及左右侍郎以下同案犯数万人，皆处死。系狱、充边、拟罪者不计其数。

　　为反贪促廉，朱元璋还制定了惩治经济犯罪的严格法令，并在财务管理上进行技术防范，实施了一些行之有效的措施。把记载钱粮数字的汉字"一、二、三、四、五、六、七、八、九、十、百、千"改为大写，用"壹、贰、叁、肆、伍、陆、柒、捌、玖、拾、佰（陌）、仟（阡）"代替，就是其中重要的一条。

（作者根据相关资料整理）

2. 清朝

清朝，我国历史上最后一个封建专制王朝。随着封建专制主义中央集权制度发展到最高阶段，其廉政体系也得到了进一步的完善和发展，廉政文化独具特色。特别是经康熙、雍正、乾隆三帝的不懈努力，廉政建设成效显著，出现了一个封建社会晚期的新高峰，史称"康乾盛世"。

首先，从"康乾盛世"的开端来看，康熙一朝，政治清明，经济繁荣，国家达到了前所未有的统一，开创了一个盛世局面。康熙帝的廉政思想在治国安邦的实践中得以有效运用：其一，在对己上，康熙帝对自己提出了很高的廉政要求，力崇俭约、尚德缓刑、勤于政务、虚心纳谏。其二，在对官上，康熙帝知人善任，优遇清官；惩治贪官，绝不手软；反对朋党，注重声名。其三，在对民上，康熙帝以民为本、休养生息，安民富民；轻徭薄赋、蠲免粮租。总之，康熙帝吸收理学的思想用于廉政建设，取得了显著的成效。其次，从"康乾盛世"的进程来看，康熙帝"宽仁"，雍正帝"严猛"，乾隆帝刚柔并济、宽严交替，最终把"康乾盛世"推上了顶峰。这一时期清朝的廉政集中表现为三个方面：第一是"乾纲独断"，包括中央廉政机构集权统一、官场权力制衡、建立密折奏事制度；第二是将政治与民生联系在一起；第三是制度的创制和改革。

◆ 精选案例

被"加恩令其自尽"的天下第一大贪官——和珅

清朝第一惩贪大案是嘉庆帝发布上谕，正式宣布和珅二十大罪状，立诛和珅案。和珅，曾经权倾朝野、不可一世的一品大员、军机大臣，乾隆帝生前最信任和宠爱的大臣，终因利用职务之便贪污受贿、结党营私、徇私舞弊，甚至于内务府都没有的珍宝却在和珅家里出现，"聪明反被聪明误"，难逃被革职抄家、身陷囹圄，甚至"加恩令其自尽"的命运。嘉庆帝诛灭天下第一大贪官和珅，不仅是一次帝王与权臣之间的较量，更是一次反腐灭贪的斗争，斗争的结果不仅直接充盈了国库，更重要的是为嘉庆帝整饬吏治扫清了道路，也为晚清日渐消退的廉政平添了一抹亮色。

（作者根据相关资料整理）

📚 拓展阅读

孔子、孟子、荀子的廉政思想

在先秦诸子百家中，儒家因为形成最早、影响最大，并以重血亲人伦、重世事功、重实用理性、重道德修养的醇厚之风独树一帜，因而成为时代的"显学"，但它仍然不过是诸子百家中的一派而已。及至汉武帝推行"罢黜百家，独尊儒术"政策，儒家由先秦诸子百家中的一家一跃成为中国封建王朝的正统统治思想，影响、统治了中国政治、学术思想界2000余年，成为中国传统文化的主体。孔子、孟子和荀子是儒家学说形成发展过程中的主要代表人物。他们的思想是先秦儒家思想集大成的标志，也是秦汉以后儒家思想发展演变的理论基础。

1. 孔子的廉政思想

孔子（公元前551—公元前479年），尽管没有直接提出"廉政"的命题，但在他的政治思想、哲学思想、伦理思想中，却处处折射出廉政的主题，闪烁着为政清廉的火花，并为中国传统廉政思想奠定了理论基础。其廉政思想的内涵可概括为以下三大方面。

其一，以仁为本，为政以德。"仁"是儒家思想的核心。孔子继承和发展了西周时期周公"明德慎罚"的思想，提出了著名的"为政以德"以及"道之以政，齐之以刑"的主张。孔子主张"德治"，认为统治者只要用道德来治理国家，就会像北极星一样，安居在自己的位置上，群星环绕。孔子主张用道德教化民众，也主张用刑罚制裁犯罪行为，其"德主刑辅"的主张对后世儒家廉政思想影响至深。

其二，以礼为准，律己修身。在孔子的礼治思想中，礼不仅是一种严格的政治等级制度，而且是一种严格的行为规范。他把礼作为每个人立身处世和处理人际关系的基本准则，作为一种日常行为规范。从廉政的角度而言，他认为"礼"的本质应该是讲求"节俭""节用"，一切奢侈豪华、铺张浪费的行为都是不合礼制的。

其三，以义为绳，唯德是用。从价值判断方面，如何确定人的行为是否符合"礼"的规范、"仁"的精神，孔子提出必须以"义"为价值准绳。义利之辩在中国一直持续数千年，成为中国传统社会人生价值观的一大纽结，其源头就在孔子思想。取义还是取利，成为君子和小人之分、清廉和贪浊之别的重要准绳。这个准绳还直接影响到孔子关于人才选举的思想。孔子是第一个提出"举贤才"思想并把它作为改革政治的措施加以论述的人。他主张选拔那些循礼、知仁、取义的人为官，并提出许多选人的具体方法，如"听其言而视其行""视其所以，观其所由，察其所安"等。他认为只有这样，才能实现"大臣法，小臣廉，官职相序，君臣相正"。

2. 孟子的廉政思想

孟子（公元前 372—公元前 289 年），继承和发展了孔子仁学思想，成为儒家中地位仅次于孔子的代表人物，后世尊称其为"亚圣"，并常把他的学说和孔子学说连在一起，称为"孔孟之道"。孟子继承了孔子"仁政"学说，从人性分析的角度入手，重新解释了仁、义、礼、智等概念。在孟子看来，仁、义、礼、智都是人本身所具有的天性，而不是外部条件所造成的。在此基础上，孟子不仅提出了他的"性善论"，而且提出了他的"仁政"学说，认为只要"施仁政于民"，做到"老吾老，以及人之老；幼吾幼，以及人之幼"，"天下可运于掌"。在"性善论"和"仁政"学说的基础上，孟子提出了他的各种廉政主张，主要表现在三个方面：

其一，爱民——提出了"民贵君轻"的民本思想；

其二，选贤——提出了"贤者在位，能者在职"的思想主张；

其三，取廉——认为"廉"是为官者追求的本性。

3. 荀子的廉政思想

荀子（公元前 313—公元前 238 年），既是先秦儒家学派的总结性人物，又是后世儒、法合流的先驱性人物，其廉政思想主要表现为三个方面：

其一，立君（吏）为民。荀子从"天"（自然）"人"（社会）关系分析入手，提出了"明于天人之分"的观点。他认为，自然的变化与社会的治乱没有必然的关系，造成社会治乱的原因不在于自然的变化，而在于人类能否"明分使群"，即按照人们的身份等级和所从事的职业去组织社会群体。因此，君主的首要职责就是解决好为民的问题。他还把君民关系比作舟与水的关系，说："君者，舟也；庶人者，水也。水则载舟，水则覆舟。"这种"立君为民"和"载舟覆舟"的认识，比孔孟的爱民思想大大前进了一步。

其二，隆礼重法。荀子在人性分析的基础上，提出了"性恶论"。并认为要改造人的"性恶"，必须先采用礼义教化的方式，在教化无效时，才使用刑罚去惩治，刑法是推行礼制的主要手段。先教后罚的思想为后世儒家所继承和发扬，形成了"礼者禁于将然之前，而法者禁于已然之后"的思想。

其三，举贤为官。荀子在人与礼、法的关系上，特别强调人的决定性作用。认为"法不能独立，类不能自行，得其人则存，失其人则亡"。并得出了"有治人，无治法"的结论，也就是说自古以来只有善于治理国家的人才，而没有能自行治理国家的法律。因而，实现廉政，用人是关键。

（作者根据相关资料整理）

二、中国传统官吏选聘制度

官吏是封建王朝的统治基础，建设一支高素质的官吏队伍，形成良好的吏治，是历代统治者共同追求的目标。官吏选聘是加强管理，防范官吏犯罪的第一道防线，官吏的选聘制度是否科学，关系着官僚队伍的素质。"自古国家安危之本，治乱之机在于明选而已矣"，为政清廉是对官吏的基本要求，也是关乎一个政权生存发展的重要因素。从中国历史上来看，明智的统治者为了维护政权无不注重加强对官吏廉政方面的管理。选拔任用合格的人才、管理官吏的违法行为能使国家的政策法规得到较好的贯彻执行，促进廉政建设。

（一）夏商周时期官吏选聘制度——国子选士、贡士、乡举里选

夏商周时期实行世卿制，即官员由王任命，诸侯国的官员由诸侯任命，诸侯和官员都世代相袭。在这种制度下，公卿大夫死，嫡长子可继承其爵位、官职、采邑。世卿制是建立在封建制、宗法制基础上的制度，其目的是控制中央和地方的大小百官，维护统治阶级的政权。因此，在世卿制度之下，大夫以上的官员，基本上不存在选拔的问题，而是由宗法血缘关系起决定性作用。

当然，也有人不经过乡或司徒的选举而直接投考的，称为"造士"。而由乡选出"秀士"，乡大夫把他们的履历交到司徒处，称为"选士"。司徒看中的人，就是"俊士"。将人才直接上报给天子，称为"进士"。这种选拔制度给一些没有继承权的嫡子和庶子提供了入仕的机会，也使国家的统治基础得以巩固。

此外，各诸侯每年也要向天子"贡士"，即由诸侯选拔人才后贡献给天子。天子则对各国的贡士进行考核，经过天子考核之后，可以依照他们的才能授予官职，有的还可以得到爵位及封地。

还有一种选士的方法叫作"乡举里选"，即由地方官自社会下层推荐人才的一种选官制度。作为地方官的乡大夫，在推行教化的过程中，要发现并向上级推荐德才兼备的人，使之按时参加考核。

（二）春秋战国时期官吏选聘制度——荐举、游说自荐、以功授官

这时"选贤任能"已经成为选拔官吏的基本原则、公认的治国良方。当时出现了许多新的选官任吏的方法，比较重要的有荐举、游说自荐、以功授官等。

荐举就是在考绩的"上计"过程中增加了下级主要长官向君主推荐人才的内容，以德、功、能作为推荐的标准，君主认为主官们对自己的属吏有具体的了解，其推荐意见具有较大的可信度，并按照主官的不同级别规定了可以推荐的人数，以及时选拔和任用分散在各地各部门的有用之才。

在周朝官学基础上发展起了许多私学，私学子弟凭才能也可以入仕，但不能直接入仕，弟子们主要还是凭自己的才能"游说自荐"。孔门杰出弟子子贡曾游说各国，凭着自己的才能和学识得到重用。当时这种上书游说的自荐，成为非宗法性的士子显名建业、实现抱负的可行之径，以至在战国时游说纵横之士遍布天下，其中被提拔为大臣、声名卓著的有荀况、商鞅、张仪、苏秦、李斯等人。

还有"以功授官"这种方式，因为功比较容易被看到，以此为标准，能为大多数人所接受，"授官、予爵、出禄不以功，是无当也"。功在军事上最好表现，各国多以军功提拔人才为将领，至秦商鞅变法后，更明确规定了以军功入仕的制度。这些变革使官吏制度更牢靠地置于国君的控制之下，实际上加强了中央集权。

（三）秦汉时期官吏选聘制度——察举制

秦汉时期，为适应中央集权政治的需要，先后建立和发展了以察举制为主，以荐举、辟署、征召、军功、纳赀、任子等为辅助的多种途径的选拔制度。察举制是一种由下而上的选官制度，是在先秦"乡举里选"制度基础上发展起来的选官制度。此制盛行于两汉，中衰于南北朝。其具体方法是由皇帝下诏令举荐人才并列出举荐科目，由诸侯、王公、中央各部门行政首长、地方政府行政首长等按科目要求发现、考察人才并加以推荐，被推荐的人可以是低级官吏，也可以是平民百姓，一经推荐，即按要求送京师接受皇帝或受皇帝委托的丞相、御史、九卿的策试，撰写向朝廷献策的文章，根据策试成绩高下分别授官或为郎官候补；当察举而不察举以失职论，察举不实者连坐。

从制度上讲，察举制应当说还是比较严谨的，不仅有科目、有考察、有评议，而且还有考试，甚至还有连坐制度。这项制度的主要缺陷是标准还比较笼统，考试规则也不够严密，给营私舞弊者以可乘之机，特别是举荐人实际上掌握着选人的主动权，所以公卿将相便多把自己的门生故旧举荐上来，导致风气日渐败坏。尤其是到了东汉末年，由于世家大族势力的崛起，严重干扰了察举制的正常运作。

拓展阅读

察举制代表人物——董仲舒

董仲舒是儒学大师，自汉武帝采纳了他以儒学为正统的建议后，一直维持了近2000年之久，被历代皇帝奉为圭臬。董仲舒还创立维护传统道德秩序的"三纲五常"体系。

董仲舒年少时学习《春秋》，汉景帝在位时为博士，潜心于儒学研究。汉武帝建元元年（公元前140年），董仲舒建议在察举中，"推明孔氏，抑黜百家，立学校之官"。从此，察举制确立以儒学为正宗思想的体制。但由于窦太后（汉武帝的祖母）的干涉，并未实行。汉武帝元光元年（公元前134年）诏举贤良，董仲舒提出以下建议：一是诸侯、郡守、二千石，每年荐吏民之贤者各二人；二是所荐之人"贤"（优秀）有赏，"不肖者"（不合格）则罚；三是量才授官。汉武帝采纳了这些建议，遂下令郡国举"孝""廉"各一人。从此，察举制作为较完备的选官制度，正式确立。儒学的地位、察举的标准，得到完全的确立。

董仲舒官至江都王相和胶西王相，后因病辞去官职，从事修学著书。朝廷每遇大事，仍常派使者征询他的意见，可见董仲舒在当时的地位是何等崇高。

（作者根据相关资料整理）

（四）魏晋南北朝官吏选聘制度——九品中正制

魏晋南北朝时期，选官制度大体与两汉相同。为了满足新的国家管理需要，魏晋南北朝也开辟了一些新的入仕途径，以保证官吏的来源，如在察举制的基础上发展而来的九品中正制。

自魏文帝开始，九品中正制成为选拔官吏的主要制度。其基本内容是由中央政府现任官员中"贤有识鉴"者，出任本籍州、郡的中正，州设大中正，郡设小中正，这些大小中正的职责是根据出身、才德等标准，将辖区内的人才进行品评，分为上上、上中、上下、中上、中中、中下、下上、下中、下下九品，然后由小中正报大中正核实，大中正上报司徒核定。中正官评定的"品"成为吏部尚书选用官员的依据。

（五）隋唐至明清官吏选聘制度——科举制

科举制的实质是为社会各阶层中有志于参政做官者提供公平的机会。唐代的考生来源主要有两个：一是生徒，即中央和地方的在校学生。按唐制，国子监、弘文馆、崇文馆以及各州县学，每年冬天都要将考试合格的学生，选送中央尚书省参加考试，这些学生就称为生徒。二是乡贡，即不是在校学生，而是自学有成之人，可以以书面形式向州县官府提出申请，也叫作"投自举"，经州县组织考试合格后，由州县送中央尚书省参加考试，因这些考生随州县进贡物品一同解送，故称之为"乡贡"。与此相适应唐代的科举考试是二级考试制。无论是在校学生还是自学有成者，必先经过国子监、学馆和地方州县的考试，只有通过这种考试，才能参加中央尚书省的考试。宋沿唐制，与唐代不同的是，宋代还允许现任官吏参加科举考试，但限制较严。

三、中国古代廉政代表人物

（一）孙叔敖

孙叔敖，春秋时期楚国历史上著名的政治家、军事家，春秋五霸之一的楚庄王的令尹（丞相）。孙叔敖一生兢兢业业，为楚国的强大立下了汗马功劳。他生不宠权，死无积财，堪称念国忧民、奉法守职的清官廉吏，被后世称为中国第一循吏。[①]

（二）赵广汉

赵广汉，西汉时期最具传奇色彩的京兆尹，他一生的传奇都与其清廉为政紧密相连。年轻时做过郡吏、州从事等地方小官，当时就以廉洁明察、谦以待士而著称，经察举为秀才，被推举到朝廷，担任主管平抑物价的平准令。由于他一贯廉洁奉公，政绩突出，先升任京辅都尉、守（代理）京兆尹，不久为颍川太守，最后做到京兆尹（京城最高行政长官）。

（三）苏绰

苏绰，其生活的时期正是北魏分裂、西魏宇文泰霸业初创之时。当时，西魏国衰兵弱，宇文泰急欲革易时政，实现强国富民的目的，而苏绰尽其才智，赞成其事，辅佐宇文泰施行了大刀阔斧的改革。有人称苏绰为当时著名的改革家，更有后人把苏绰治西魏比喻为"管子治齐，诸葛相蜀"。

（四）卢怀慎

卢怀慎，唐史中有名的"伴食宰相"。他自认为才华能力皆不如"救时宰相"姚崇，把中枢事务都推让给姚崇，自己则概不专断，故而得此讥讽。尽管生前虽有"伴食宰相"的贬称，身后却享受崇高的礼遇，并为后人所尊，就因为他虽官至宰相，家中却一贫如洗，在位期间，又能

---

① "循吏"就是奉公守法、清正廉洁的官吏。最早使用这个词的是司马迁，他在《史记》中专门开设了《循吏列传》，第一个写的就是孙叔敖。

举贤荐能，正直敢言。

（五）包拯

包拯，北宋名臣。因其廉洁公正、立朝刚毅、不附权贵、铁面无私、英明决断、敢于替百姓申不平，故有"包青天"及"包公"之名，京师有"关节不到，有阎罗包老"之语。后世将他奉为神明崇拜，认为他是奎星转世。

（六）海瑞

海瑞，明朝著名清官。海瑞一生，经历了正德、嘉靖、隆庆、万历四朝。嘉靖二十八年（1549 年）海瑞参加乡试中举，初任福建南平教谕，后升浙江淳安和江西兴国知县，推行清丈、平赋税，并屡平冤假错案，打击贪官污吏，深得民心。历任州判官、户部主事、兵部主事、尚宝丞、两京左右通政、右佥都御史等职。他打击豪强，疏浚河道，修筑水利工程，力主严惩贪官污吏，禁止徇私受贿，并推行"一条鞭法"，强令贪官污吏退田还民，遂有"海青天"之誉。万历十五年（1587 年），海瑞病逝于南京官邸。获赠太子太保，谥号忠介。海瑞去世后，关于他的传说故事，民间广为流传。

📚 拓展阅读

"三不"清官海瑞

海瑞一生敢于直言、坚持正气，他的节操家喻户晓。有人说，他是"不怕死、不爱钱、不立党"的清官。

海瑞在福建南平县教书时，他教育学生不许给先生送礼，逢年过节，也不得给先生送酒菜，所有俗例一概免除。升任浙江淳安知县后，他一如既往，穿布袍、吃糙米、食自己种的菜。在为母亲做寿时，他只买了两斤肉，在百姓中传为佳话。他知道百姓贫穷，去农村巡视时，命部下们挑着菜和米随行，自己开伙，从不扰民。他一生未置田产，只依靠祖上留下的十亩地养活一生。

嘉靖皇帝当政时，不思朝政，奸臣当道，很多官员敢怒不敢言。海瑞写了一篇《治安疏》，上奏给嘉靖皇帝。他尖刻地指出嘉靖皇帝应当停止玄修、痛改君道、节约用度、端正职守，惹怒了嘉靖皇帝。嘉靖皇帝要把他处死。可是当嘉靖皇帝听说海瑞素性刚直，居官清廉，并不怕死，自己早已备好棺材时，犹豫了，遂命锦衣卫杖打一百下，将海瑞下狱囚禁起来，直到嘉靖皇帝死后，海瑞才被释放。

隆庆三年，海瑞被任命为右佥都御史；外放应天巡抚。应天府素称鱼米之乡，但由于当时农村土地被大量兼并，农民生活困难，民不聊生。海瑞上任后，力主遏制兼并，还土地给农民耕种。他到松江调查，仅一个月内华亭县就接到上万份告地主夺田的状纸。其中大部分是告曾任过宰相的徐阶。徐阶的弟弟、儿子也是地方豪强，横行乡里。徐阶虽已告老还乡，但仍权势显赫，早年还曾对海瑞有过救命之恩。但海瑞却铁面无私，断然处置，命徐阶退还侵夺之田，将他弟弟、儿子逮捕问罪。其他豪强地主迫于形势，只好纷纷退田。接着，海瑞又兴修水利，疏浚吴淞江，整治白茅河，减少了农田水旱之灾。

海瑞临终前三天，兵部派人送来的柴金费多了七钱银子，他命部下送了回去。海瑞死后，其下属王用汲在料理他的丧事时，看到他全部家当只有十多两银子，绫、绸、葛各一匹，所有帏帐十分破旧，清贫得连一介寒士都不如，忍不住哭出声来。丧船过江，两岸站满了送葬的人群，奠祭哭拜的人，百里不绝。

（作者根据相关资料整理）

（七）汤斌

汤斌，清初理学名臣，以清正廉洁著名，百姓根据他的姓氏称呼他为"清汤"。汤斌一生清正廉明，是实践朱学理论的倡导者，为官体恤民艰，弊绝风清，政绩斐然。汤斌之所以能深得民心，深得帝心，就在于他奉行的"无所取于彼，无所应于上"的为官之道。

拓展阅读

汤斌轶事

汤斌不仅自己以清正自励，更时常劝诫属下以善为官，爱民恤民。对于贪婪的酷吏，他严厉惩处，绝不手软。例如，他查实了县官赵禄星、张万寿等8人的贪污罪，立即罢免了他们的官职。但是贤能的人即使犯有错误，他也会在教育的基础上给予保举和推荐。郭琇曾经因为贪渎而被汤斌所知，汤斌就以为官廉洁教育郭琇，郭琇感动于他的廉正，就向他解释了自己所作所为的原因，并保证以后改过自新。汤斌就给了他这个机会。当时适逢朝廷选拔御史，但是标准之一是必须保证官员所在地的钱粮缴纳完毕，很多虽然很有才能又清正廉明的官员往往会因为钱粮未缴纳完毕而无缘得到提拔。汤斌看到了这一旧例的弊端，于是上书向皇帝阐发："行取定例必粮钱胥完，而苏州、松江二府赋重役繁甲于天下，铨选得此，辄谓迁擢难期，颓然自放，或竟罔顾官箴。"并且他还推荐手下的郭琇和刘滋，说他们虽然钱粮未缴纳完成，但是操守廉洁，政绩卓著，希望皇帝予以考虑。最终皇帝下旨："汤斌既称为廉能最著，准其行取。"正因为他为官清正，爱民如子，又能识人举贤，所以皇帝对汤斌十分信任。顺治帝在位时曾夸赞他"品行清端"，康熙帝也夸赞他"天下官有才者不少，操守清廉者不多见"。

（天津大学党建网，2016 年 6 月 6 日，有删改）

四、中国传统廉政文化的基本特征

（一）中国传统廉政文化的特征

从文化背景的角度看，中国传统廉政文化的基本特征与中国传统文化的某些特征是基本吻合的。概括而言，主要表现在如下三个方面。

首先，注重伦理政治。伦理政治，既可以表现为思想理论观点，又是一种历史事实和政治现象。它主要是指以伦理道德为基础，基于政治关系与伦理关系所具有的同构性，把政治作为实现至善的道德目标的方式和途径。我国古代政治社会深刻体现了伦理政治的鲜明特征。在政治领域处处都有伦理道德的影子，政治生活是伦理道德生活的延伸，道德在治理国家的过程中发挥着至关重要的作用。

其次，注重道德自律。注重道德自律是儒家伦理思想的主要内容，也是我国古代伦理社会人文精神的重要体现。道德自律是道德行为主体，以对社会存在和发展的必然性、规律性的认识为基础，依靠内心对道德原则和规范的认同，自主、自觉地限制和约束个人遵从社会道德规范和要求。

最后，注重德法结合。中国古代社会具有典型的伦理政治色彩。这种明显的政治伦理化与伦理政治化倾向，体现了道德在政治生活和社会生活中的重要性。虽然社会生活和政治生活都以道德为重心，但统治者并不排斥同时以其他手段维护政权的稳固和社会的安定。所以，在我国伦理政治的治国主张中，儒家提出的"德主刑辅"思想延续几千年，德与法的关系中，德的主要地位并未影响到实践中法的重要作用。乱世用重典、重惩贪治吏的法治思想时有展现，提出"奉法强则国强，奉法弱则国弱"的法治主张的也不乏其人。尤其是在惩贪治吏确保廉政的问题上，法在实践中发挥了重要效力。

（二）中国传统廉政文化的主要内容

从主要内容上看，中国古代廉政思想文化、廉政制度文化、廉政社会文化并不是各自孤立存在的，它们彼此之间相互影响、相互制约、相互作用，共同构成了中国传统廉政文化有机整体的丰富内涵，包含政德、勤政、尚贤、惩贪、建制等内容。

第一，政德是指为政以德，也就是重视为政者的道德修养。廉为德之首，因而廉德就成为了为官者的一种核心的道德品质，要求官吏做到"立志"、"知耻"和"慎独"。

第二，勤政是指勤政为民。这是执政者的基本价值取向，其内在的道德情感体现的是爱民，其外在的施政措施则体现为富民利民。勤政和廉政互为条件，廉政是前提，主张把公放在私前，把义摆在利前；勤政则是廉政最基本的要求和目标，通过勤政实现廉政的价值。

第三，尚贤是指立政唯贤。这是中国古代社会治国安邦的重要方略。不仅可以体现执政者的政治胸襟，"明贤良""举贤才"，而且可以通过确立立政唯贤的用人标准和程序，发挥贤能人才的重要作用，辅佐君主统治长久。

第四，惩贪是指惩治贪腐。也就是运用严刑酷法惩治贪腐，务求清廉维护政权，这是历代统治者维护吏治清明的有效措施和最后防线。我国古代的刑律中关于贪赃枉法行为的规定及惩治措施十分系统而完备，自奴隶社会始，发展贯穿至封建社会终。

第五，建制是指建立保障廉政的制度，也就是主张官者需要他律。通过建立一套保障廉政的约束君主之制及防治官吏之制，保证君主开明、政务清明、政务有序。中国古代的廉政制度主要包括分权制衡、监察制度、唯贤是举、贪贿必惩等内容。

第二节　马克思主义廉政思想

马克思主义廉政思想是我国廉洁文化建设的重要基础，推动并形成中国化的马克思主义廉政思想和廉洁文化，为新时代大学生廉洁教育提供了丰富的理论滋养。

一、马克思主义廉政思想的内涵

（一）马克思、恩格斯的廉政思想

马克思、恩格斯等无产阶级革命导师总结了以往政党建设的经验和教训，概括出了无产阶级政党的廉政思想。在他们的经典著作中，大力强调要加强党风廉政建设和反腐败斗争，保持政党的纯洁性和人民公仆意识。

马克思、恩格斯对腐败的根源进行了深刻阐述，并提出建立廉洁政权的基本构想。马克思、恩格斯认为，在原始社会，生产力低下，没有私有制和私有观念，不存在脱离民族共同利益的公共权力，氏族首领都是社会公仆，不存在以权谋私的腐败现象。由于生产力的发展和社会分工的分化生产有了剩余，人们"卑下的私欲"产生了，出现了财富私有化和公共权力私有化现象。在马克思、恩格斯看来，腐败和特权伴随着私有制而生，私有制导致公共权力异化，在以私有制为基础的阶级社会里，腐败是不可避免的。要根除腐败，除了通过革命推翻资产阶级统治，消灭私有制，还要建立和完善人民民主制度，大力发展生产力，提高人民的科学文化素质，消灭腐败赖以产生的社会思想、政治和经济根源。公共权力的私有化是产生腐败的根源，只有建立新型的人民政权，才能从根本上解决腐败的制度基础。

在《法兰西内战》中，马克思提出了关于无产阶级国家政权建设的构想，其中制止腐败，建设廉洁新政权，打造以为民、民主、责任、清廉为核心的廉洁政府是法兰西内战的主线与核心。为民、民主、责任、清廉构成了马克思主义廉政思想的基本要素。马克思、恩格斯创立了民主反腐理论，强调对权力的民主监督和制约，主张一是建立无产阶级政权，二是实行民主集中制，三是把坚持民主作为处理公共事务的基本原则。

为探索廉政建设路径，马克思、恩格斯提出建设廉洁政府、培育公职人员公仆意识的主张。马克思、恩格斯虽然没有无产阶级政党执政的经历，但他们却在对巴黎公社经验的总结中，提出了无产阶级取得政权以后要防止国家机关和公职人员由"社会公仆"变为"社会主人"的重要论断。为此，马克思、恩格斯从思想道德和法律制度两方面提出约束权力的路径：一是对公职人员进行廉政思想教育，树立公仆意识；二是实行普选制、罢免制、监督制，为建设廉洁政府提供制度保障。

（二）列宁的廉政思想

列宁继承了马克思、恩格斯的廉政思想。他结合俄国实际，就如何进行无产阶级政党和社会主义国家廉政建设进行了探索，主要体现在如下四个方面。

一是从个人、政治体制、文化三个层面分析了官僚主义的根源。列宁认为个人的自私观念、政治体制的不完善、文化的落后是导致官僚主义产生的主要原因。因此，他主张严惩个人官僚主义行为，对个人进行共产主义思想和科学文化知识的教育，以提高个人的思想觉悟和文化素养，根除官僚意识形态。

二是防止人民公仆变质，提出相应的治理举措。列宁清醒地认识到无产阶级执政的最大危险是脱离群众，为此需要从严治党，反对任何形式的党内特权，要求严格入党条件，提高党员质量，纯洁党员队伍，加强党员思想教育，消除特权思想，时刻保持党的先进性，提高为人民服务的公仆意识。

三是改革党政关系，完善监督机制。列宁认为党政不分、监督缺位是产生官僚主义的重要原因，提出国家机关要实行党政分开、精兵简政，做到精干有效、优质足量，同时建立健全监督机制，实现对权力的全方位有效约束。

四是加强法制建设，为廉政建设提供法律保障。列宁认为无产阶级政权要善于运用法律武器来严惩腐败，强调法律面前人人平等，须有法可依、有法必依、执法必严、违法必究，禁止以权压法。列宁的廉政建设思想丰富和发展了马克思主义廉政学说，为中国的党风廉政建设提供了科学的思想指导。

二、马克思主义廉政思想的意义

（一）权力属于人民

从马克思的论述中，我们可以发现在无产阶级掌握政权的国家，人民是国家的主人，国家权力是属于人民的，国家权力机关的工作人员只是人民的公仆。这主要包括四方面的内容。

第一，以人民为主人。无产阶级领导的社会主义国家是"真正民主的国家政权"，国家的统治者是无产阶级先锋队组织，国家政权无论在事实上还是本质上都是无产阶级拥有的，无产阶级就是国家的主人。

第二，以为人民服务为目的。马克思认为"公社的真正秘密"在于无产阶级国家建立的政府是由无产阶级掌握的，政府权力也掌握在无产阶级手中。政府机关的工作人员无论职位高低都是人民的公仆，政府人员工作的出发点和落脚点都在于为人民服务。

第三，永远是劳动人民中的普通一员，同人民群众保持着最广泛、最密切的联系。无论是政府工作人员，还是先锋队组织成员，无产阶级永远都是普通劳动人民中的一员。历史是由广大普通劳动人民创造的，无论是物质财富还是精神财富都是人民的创造物，历史是属于人民的，因而要同广大人民群众保持最紧密的联系。

第四，不与人民争私利。无产阶级政权是一种新政权，它与任何凌驾于社会之上的、与公民对立的政权都不同，无产阶级政权队伍拥有的都是大公无私、克己奉公的工作人员，他们的宗旨是为人民服务，同时与那些特权阶级、剥削阶级作斗争。"社会公职已经不再是中央政府走卒们的私有物"，无产阶级国家政权是不会与人民争私利的。

以上这些形成了一个相互联系的有机整体，它的核心就是：社会公仆。

（二）防止公职人员腐化

马克思、恩格斯根据巴黎公社廉政实践的经验，提出了防止公职人员由"社会公仆"变成"社会主人"的四点看法。

首先，对公职人员实行普选制。巴黎公社明确规定，国家公职人员由人民群众选举产生，由此可以确保人民群众当家作主得以实现。巴黎公社第一个无产阶级政权——公社委员会，就是用民主选举的方式产生的。不仅公社的领导人由选举产生，而且各级机关的领导人员，包括工厂、军队的各级领导，一般也实行选举和撤换制。公社批准了卢佛尔军械厂关于工人参加管理的章程。章程规定，厂长、车间主任均由全体工人大会选举产生，并对大会负责，可以随时撤换和重新选举。工厂的领导机构——工厂理事会，除了有上述领导人参加外，还有各车间的工人代表。这些工人代表又组成了一个专门的监察委员会，检查全体工人的工作和会计报表等。这就直接吸引了广大工人来参与对工厂的管理，并使工厂的各级领导能与广大工人群众紧密地联系在一起。

其次，实行广泛的、严格的人民群众的监督制。巴黎公社一方面通过实行普选来保证国家政权在人民手中，另一方面通过广泛实行对各级公职人员的监督制度来防止国家政权的异化。一是公社成立了群众监察委员会，实行群众来信来访制度，并充分发挥报刊和群众团体的批评监督作用。二是公社规定公社委员要定期回到自己的选区汇报工作，直接听取选民的意见，回答选民提出的问题。建立有效的监督体制是非常必要的，应通过多种途径，使公社工作人员经常听到人民群众的批评建议，以保持自己人民公仆的本色，向人民高度负责防止腐化变质。

再次，对公职人员实行罢免制。巴黎公社不仅实行了对公社公职人员的选举制、监督制，还规定了对不称职的或犯有严重错误的公职人员实行罢免的制度。公社对一些玩忽职守、不负责任的公职人员和混入公社内部的坏人，及时地进行罢免、撤换甚至逮捕，有效地打击了违法乱纪现象。人民有权撤换那些不称职的机关工作人员，这就可以保证社会主人有效地监督"公仆"，使"公仆"明确自己手中的权力是人民给予的，自己的职责是全心全意为人民服务，从而克己奉公、兢兢业业。

最后，反对特权，使公职人员保持劳动者本色。历来剥削阶级国家的官僚总是千方百计地攫取劳动人民的财富，他们是一批拿高薪、享特权的寄生虫。正如马克思所言，对于剥削阶级国家的官僚来说，"国家的目的变成了他的个人目的，变成了他升官发财、飞黄腾达的手段"。[①] 巴黎公社为了防止公职人员由"社会公仆"变成"社会主人"，采取了废除高薪、反对特权等一系列措施来使公职人员保持劳动者本色。

（三）防止官僚主义

列宁认为执政党同官僚主义作斗争要从四个方面着手。

一是要坚持长期斗争的方针。官僚主义思想是非常顽固的，不是一朝一夕消除得了的，因此在新成立的无产阶级政权国家，在广大农民群众非常贫困的情况下同官僚主义作斗争需要很长的时间。只有当社会主义经济、文化、政治高度发达以后，才能最终根除官僚主义，在此之前，反对官僚主义的斗争都必须坚持进行。

二是要有严厉的措施。反对官僚主义态度要坚决，措施要有力，该处分的处分，该开除的开除，该逮捕法办的逮捕法办。

三是要实现真正的广大人民群众当家作主，吸收人民代表来承担一定的国家管理工作，还要逐步把所有的劳动人民无一例外地吸收进来参加国家管理。

四是要组织党员群众自下而上的监督和发扬民主，这是防止和发现官僚主义的主要方法。只有把全体人民都发动起来了，方能使官僚主义无藏身之处。列宁深刻指出："工人在夺得政权之后，就会把旧的官僚机构打碎，把它彻底摧毁，彻底粉碎，而用仍然由这些工人和职员组成的新机构来代替它；为了防止这些人变成官僚，就会立即采取马克思和

[①] 《马克思恩格斯全集》第一卷，人民出版社 1956 年版，第 302 页。

恩格斯详细分析过的措施：（1）不但选举产生，而且随时可以撤换；（2）薪金不得高于工人的工资；（3）立刻转到使所有的人都来执行监督和监察的职能，使所有的人暂时都变成'官僚'，因而使任何人都不能成为'官僚'。"[1]

第三节　新时代廉洁文化建设 [2]

2022年2月，中共中央办公厅印发了《关于加强新时代廉洁文化建设的意见》（以下简称《意见》），《意见》要求把加强廉洁文化建设作为一体推进不敢腐、不能腐、不想腐的基础性工程抓紧抓实抓好。习近平总书记在党的二十大报告中要求"加强新时代廉洁文化建设，教育引导广大党员、干部增强不想腐的自觉"，在二十届中央纪委二次全会上强调"加强新时代廉洁文化建设"。我们要深入贯彻落实习近平总书记关于全面从严治党的重要论述精神和党中央决策部署，加强新时代廉洁文化建设，不断加固拒腐防变的思想堤坝。

一、守护廉洁文化根脉

习近平总书记强调："党员干部特别是领导干部务必把加强道德修养作为十分重要的人生必修课，自觉从中华优秀传统文化中汲取营养。"我们的文化传统中包含着丰富的廉洁文化理念和实践。中华民族历史上有无数清官廉吏、仁人志士、革命先烈的廉洁事迹，中华优秀传统文化

---

① 《列宁选集》第三卷，人民出版社1995年版，第210页。
② 参见陈灿《加强新时代廉洁文化建设》，《人民日报》2023年1月18日。

中蕴含着厚德养廉、公而忘私、清正自守、光明坦荡等丰富的廉洁思想。加强新时代廉洁文化建设，要加强廉洁文化相关历史文献、文物古迹、革命旧址的保护和利用，挖掘廉洁文化资源，教育引导党员干部正心修身，守住为政之本，以实际行动守护廉洁文化根脉。

二、广泛弘扬清风正气

加强新时代廉洁文化建设，要在全社会培育清正廉洁的价值理念，使清风正气得到广泛弘扬。习近平同志在浙江工作时指出："要积极推动廉政文化进机关、社区、学校、企业、农村和家庭，促进全社会形成以廉为荣、以贪为耻的良好风尚，努力形成党风政风与社会风气的良性互动局面。"要紧扣"廉洁自律"这个主题，让更多基层干部、青年学生和普通群众接受廉洁文化熏陶，形成全社会崇清尚廉的浓厚氛围。探索形成沉浸体验、教育警醒、思想启发的廉洁文化教育新方式，充分发挥廉洁文化的价值导向、行为约束、生态净化等作用。要把廉洁文化建设贯穿社会治理各领域各环节，在市民公约、乡规民约、行业规章、团体章程等社会规范中融入廉洁文化，动员全社会力量尤其是青少年群体传承和弘扬廉洁文化。

三、运用好廉洁文化阵地

加强新时代廉洁文化建设，要建设好、管理好、运用好廉洁文化阵地。习近平同志在浙江工作时指出："如果先进的廉政文化不去占领文化阵地、营造社会氛围，腐败文化就会乘虚而入、污染社会、搞坏党风政风。"必须坚持守土有责、守土负责、守土尽责，把廉洁文化阵地建设纳入基层公共文化服务整体规划，注重把分散的廉洁文化资源整合起来，让干部群众潜移默化地接受廉洁文化教育。可以结合乡镇（街道）纪检监察工作规范化建设、清廉村居建设，充分利用党员教育培训基地、爱国主义教育基地、历史文化名人纪念馆等文化场所，因地制宜设立廉洁文化阵地，丰富廉洁文化优质产品和服务供给。要善于运用数字化技术成果，建立数字媒体矩阵，提升廉洁文化传播的覆盖面、交互性，用群众听得懂的语言，讲群众喜闻乐见的清廉故事，让新时代廉洁文化在基层蔚然成风、深入人心。

第四节　其他国家廉政建设理论与实践

防治与惩治腐败，积极推进廉政文化建设，已经成为世界面临的共同问题，各个国家都已经经历或者正在经历腐败给国家和社会带来的危害，并采取有力措施抑制腐败，加强廉政建设，取得了一定的成效。通过研究这些国家的经验做法，可为我国的廉政建设提供一些经验借鉴。

一、其他国家廉政建设理论及政策基础

（一）其他国家廉政建设的主要理论

资产阶级在反对封建君主专制的斗争中，逐步形成了以"主权在民"、"公民基本权利神圣不可侵犯"和"权力制衡"为核心内容的政治理论。这些政治理论，为资本主义国家制度的确立和发展奠定了基础，也深深地影响着当代资本主义国家的廉政政策制定。

（1）主权在民理论。主权在民的理论所强调的是：国家是人民缔结契约、转让权利的结果；一切权利属于人民；国家官员只是人民权利的具体执行者，其权力是人民赋予的，他们必须忠实于人民和承担起维护人民权利的义务；为了防止政府滥用职权和侵犯民权，人民可以通过各种形式来监督政府的行为；在国家权力体系中建立一定的监督机制来对政府的各种越轨行为进行控制和补救。主权在民理论构成了资本主义国家行政监督的理论依据。

（2）权力制衡理论。权力制衡理论也就是西方国家的立法、行政和司法三种权力各自独立又相互制约和均衡的理论。这种理论的核心内容是，为防止权力的腐败或滥用，必须对它进行合理分割并建立相互制衡和监督的关系。权力制衡理论在当代西方资本主义国家既是如何监督之构想，同时又为其他监督方式的探索提供前提和依据，从而形成了资本主义国家行政监察的总体框架和核心概念。

（3）道德教育理论。道德教育理论是与资产阶级的人性论，政治原罪论相对应的一种价值观。它提倡要对公职人员进行道德教育，给予人性上的去恶存善，才是行政监察的根本良方和治本之途。在某些西方学者来看，文化可以使人格彻底地改变，可以使人放弃他的自私自利。因为，人与人的关系并不只靠外力的约束，人与人之所以可能相互合作，是由于道德的力量。道德教育作为西方国家行政监察最根本的手段，可以使政府官员建立一种自我约束的道德规范。这种道德规范从它的形态上看就是主观意志的法。其重要意义在于：国家的自保不能由其物质财富得到保障，也不能单靠维持一定的宪制法律来实现。

（4）自由主义理论。自由主义理论是以个人主义、个人自由为核心的，既需要国家政府权力的保护，又需要对这种权力进行有效监督和控制的理论。自由主义的中心问题是个人的自由如何获得充分的保障。自由主义者相信，只有自由获得充分保障，个人的潜能和才智才可以得到发挥，社会才可以进步。因此，政治制度的目的也就是要充分给予个人自由的保障。对于自由主义者而言，政治是"必要的罪恶"，因为一方面需要政府保障个人的自由，另一方面权力又会把人腐蚀，有了权力的人会倾向于把它滥用，到头来会侵犯个人自由。所以，自由主义者相信，管得最少的政府是最好的政府，同时也相信要对执掌权力者进行监察，防止他们滥用权力。

（二）其他国家廉政建设政策基础

从当代西方国家廉政政策的实践来看，西方国家的廉政政策选择大致是按照廉政立法建设、廉政监督建设、廉政道德建设和廉政制度建设四个层面来加以安排的。

（1）廉政立法建设。廉政立法建设与西方国家根深蒂固的法治理念相一致，西方国家特别重视廉政建设中的廉政立法。廉政立法的形式大致有以下三种：一是在国家宪法中规定惩治腐败的原则。如芬兰和奥地利等国，都在宪法中设置了反贪污贿赂的条款。二是制定专门的廉政法律。如美国的《反海外腐败法》（又译为《反海外贿赂法》）、德国的《反腐败法》和日本的《政治资金规正法》。三是在相关的法律中规定廉政条款。如日本的《商法》《防止不正当竞争法》《有限公司法》《破产法》《商品交易法》等经济法中，均有关于惩治贪污贿赂犯罪的内容；美国、日本和法国等国在行政法中也规定了反贪污贿赂罪的内容。

（2）廉政监察建设。廉政监察建设与主权在民和权力制衡理论等廉政政策的理论基础相一致。西方国家十分强调对权力的监督，为了有效地监控官员，他们建立了一个关系复杂、相互制约、纵横交错、较为完备的监督网络。构成监督网络的监督方式通常有立法监督、司法监督、行政监督、审判监督、政党监督、舆论监督和审计监督等。

（3）廉政道德建设。西方国家在反腐败的实践中意识到，控制官员越轨行为最有效的手段，是强化政府官员的职业道德和法治观念这一类基础性的东西。否则，任何严密的防范措施和严厉的惩罚手段，都将在层出不穷的腐败现象面前，陷入被动无力的境地。因此，西方国家在反腐败的实践中，十分重视对官员的廉政道德建设。

（4）廉政制度建设。西方国家经过长期探索研究，廉政制度建设已经比较完善。主要包括以下八个方面。

一是财产申报制度。财产申报制度又称"阳光法案"，是对付官员收取不法之财、预防和克服腐败行为的一件利器。政府官员财产申报已成为一项世界性的反腐败举措，如美国的《政府道德法》、墨西哥的《财产申报法》和法国的《政治家生活资金透明度法》等。这些法律对于政府官员财产申报的对象、范围、时间、程序和监督等内容都作了相应规定。

二是利益协调制度。为了防止国家公共利益与私人利益之间发生冲突，有些国家制定利益冲突法，如加拿大1973年通过的约束公职人员行为的《利益冲突章程》（2006年修订更名为《利益冲突法》），即是这样一个法律。美国刑法规定，任何政府官员或雇员都不得故意亲自或实质上参与任何同自己有财务利益关系的特别事项，违者应单处1万美元以下罚金，或者并处 2 年以下监禁。

三是公务员回避制度。为了防止在公务员录用、调用和晋升等方面发生腐败现象，保证公务员依法执行公务，国外一些国家专门规定了公务员回避制度。如奥地利《官员法》规定，凡有夫妻关系、直系亲属或不超过三代的旁系亲属关系以及有过继、连襟、联姻或承嗣关系的官员，不得安排在一个单位工作。瑞士规定，有联姻关系或有父子、兄弟、叔侄等近亲属关系的人，不得担任有隶属关系的职务。

四是廉政惩处制度。国家官员不履行清正廉洁的义务，贪污受贿，以权谋私，从而损害政府形象和危害国家利益的，可受到降职、降薪、罚款、减少或停止退休金、强制退休和开除公职，甚至判处徒刑的惩处。

五是禁止受贿索贿限制收礼。法国《公务员法》规定，禁止任何公务员亲自或通过中间人，以某种名义在他们的行政部门或公共事业部门所辖的或者是与之有关的企业中，谋求会损害他本身职务独立性的利益。美国的《美国联邦政府组织与雇员法》规定，政府工作人员不许要求或鼓励外国政府及其代理人赠送价值 100 美元以上的礼品，外国政府主动赠送的这类物品，个人应在 60 天内转交本人所在的政府部门。由于个人的成功或杰出成就为政府所承认而给予的奖品，也须得到本人所在机关的批准方可接受。司法部门可以对违反以上法律的政府工作人员，在地区法院提起民事诉讼，法院的判处是按违法所接受物品的估价金额并另加 5000 美元的罚金。

六是禁止经商和兼职。为了使公务员把必要的时间和精力用在公务活动上，避免发生私人利益与公共利益的冲突，大部分国家都对公务人员的兼职和经商活动进行了限制。如奥地利《官员法》规定，公务人员不得从事有碍现任工作或有损于公务的其他职业，从事有经济收入的其他职业，都必须得到所在地单位批准。日本《公务员法》规定，职员不得兼任公职，也不得兼任商业、工业和金融业等以营利为目的私营企业的职务，也不得自办营利性企业。

七是禁止以权谋私。许多国家规定，公职人员不得把公共设施、设备、物品用于私人目的，禁止政府官员亲属利用其职务之便占用公有财物，不得假公济私。如美国规定，国会议员只有在邮寄与其职责、活动及其国会办公有关材料时，才能使用免费邮寄特权。可使用免费邮寄的项目有：与公共问题有关的国会邮件，新闻发布稿、新闻信札和调查表；给其他立法机关成员或政府机构的邮件，联邦政府的出版物、法律、条例、国会《议事录》。

八是离职后的限制。政府官员离开公职后，仍然有可能利用其掌握的信息和原来的人事关系为个人或特殊组织谋取私利。因此，限制政府官员离职后的活动，也是当今西方国家廉政建设的重要内容。如《法国公务员总章程》规定，任何已退职的公务员，在任职不少于 20 年的情况下，允许利用过去的职称或职务作为名誉头衔，离职 5 年后方可到私营企业工作、咨询或参与资本活动。

二、其他国家的廉政实践

（一）完善的反腐立法

法治反腐是很多国家行之有效的做法，完善的反腐败立法是遏制和治理腐败的必要前提。世界上许多国家和地区都非常重视对反腐败工作进行立法，经过多年的政治实践，逐渐形成比较完善的廉政法规体系，在腐败治理中收到良好效果。

1. 注重事先预防腐败的立法

许多国家对腐败都有预防性的法律规范，在腐败发生之前注重事先预防，使用严厉、细致的法律规定约束政府及其官员的日常行为，从源头上防止腐败的滋生。

2. 注重将公职人员的道德约束上升为法律义务

道德约束在反腐工作中必不可少，但由于其缺乏必要的惩戒性措施降低了其威慑力度。很多国家及时将公职人员的职业道德上升为法律规范，并出台专门的法律规范公职人员的行为。多个国家通过名目众多的公职人员行为规则，构建起一张严密的反腐之网。

3. 注重确立反腐败标准

很多国家制定了反腐败法，对于什么是腐败，各种腐败行为的认定标准、惩罚规则、监督体系等都作了细致的规定。当然统一的反腐标准的设定，还应该考虑不同法律主体的具体行为，这和不同国家的国情密切相连，世界各国不应也不可能有同样的标准。

4. 注重构建系统、综合的反腐法律体系

很多国家往往以一些法律法规为基本立法，同时在其他门类的立法中作出补充规定，从而形成多层次、多角度的反腐法律体系，构成相互补充、相互支撑的严密法律体系。这些国家的反腐败法律体系普遍形成了细致的反腐网络，基本囊括了腐败预防和腐败惩治的各个环节。

　　反腐败是一项系统工程，要实现标本兼治，必须通过立法建立起预防和惩治相互关联、相互补充的综合体系。在反腐领域取得成功经验的国家，大多数都在法律中明确了预防和惩治的规定，把二者作为一个有机体，实现了预防和惩治的双重目标。

精选案例

普京的强势反腐

　　2000年普京接棒叶利钦，当政后启动强势反腐进程。

　　2003年普京签署总统令，成立总统直属反贪污贿赂委员会，并在各级检察机关设立反贪监督局。

　　2006年俄罗斯入《联合国反腐败公约》缔约国行列，成为世界上第52个批准该公约的国家。

　　2007年普京责令出台《反腐标准计划》，官员会见商人场所必须安装摄像头，在各机构内部成立专门的反腐部门及建立公务员举报网，鼓励群众揭发腐败行为。

　　2008年梅德韦杰夫出任总统，并签署俄罗斯《反腐败法》，规定国家公务员及其配偶、子女必须向税务机关提交收入和财产等信息。

　　2009年俄政府网站开始每年"晾晒"政要家底，以示上行下效。

　　2010年俄罗斯将反腐上升到国家战略，制定"国家反腐败战略"，梅德韦杰夫下令公布政府各部门官员的收入纳税清单，确立官员财产申报和公开制度。

　　2012年梅德韦杰夫签署了2012年至2013年国家反腐败计划，专设部门审查国家公务人员财产申报情况的真实性和完整性。

　　2012 年普京第三次出任总统后批准法案，禁止俄官员及其配偶和 18 岁以上子女在海外拥有财产。

　　2012 年 12 月普京签署《关于俄罗斯政府》修正案，规定政府成员应申报自己及其配偶和未成年子女的支出。

　　2013 年 4 月普京签署命令，将政府高级官员递交个人收入和支出申报表的最后期限，从 4 月 1 日推迟至 7 月 1 日，并宣布拒绝申报财产者将被解除公职。

（作者根据相关资料整理）

（二）严密的反腐败体制

建立严密的反腐败体制是国际社会遏制和惩治腐败的重要举措。很多发达国家设有专司反腐的机构，负责独立、高效地查处各类腐败案件。专门反腐机构通常拥有立法赋予的极大权力，并拥有独立于其他政治机构的特殊地位，一般直接向最高行政首脑负责，设置也千差万别。

1. 现代文官制度

发达国家经过漫长的政治改革，逐渐抛弃了早年的恩赐官职制和"政党分肥制"，为克服以往公职人员管理制度的种种弊端，现代文官制度在主要的发达国家得到了有效实施。现代文官制度着眼于政务官与事务官的分离，占少数职位的政务官随政党竞争轮流担任，占多数职位的事务官则通过考试得到录用。发达国家大约 90% 的公职人员属于事务官范畴，其职位不是由竞选成功的政务官任命，其升迁不取决于政党竞争和政务官的个人观点，这样能够有力克服上下级官员结成权力网，也能够减少下级对上级阿谀奉承、上级对下级颐指气使的现象，适度避免上下级官员串通发生窝案事件。

2. 财产申报制度

财产申报制度是具有普遍意义的反腐利器，在多个国家行之有效，被称为腐败的"克星"和"天敌"。财产申报制度在西方的发展历史可以追溯到 1766 年，当时瑞典普通公民有权查看从基层官员到首相的纳税清单，后来此项规定一直延续着，逐渐演化为现代的财产申报制度，被世界上很多国家关注和借鉴。由于财产申报制度的反腐效果为多个国家所验证，加上联合国的积极推动，20 世纪 80 年代之后逐渐得到国际社会的认可，并为大多数国家所采用，逐渐演化成为极具威力的反腐举措。北欧国家实行财产申报制度较早，其在"国际透明组织"清廉指数排行中也持续位于前列。亚洲清廉度较高的新加坡，规定公职人员在任职之初就必须详细申报个人和家庭财产，若在任职后财产状况有所变动，还要及时填写变动清单，注明变动原因。如果有来源不清的财产，必须接受相关部门的审查，若不能给调查机关以满意答复，这部分财产则会被推定为贪腐所得。

3. 高薪养廉制度

高薪养廉是针对国家公职人员提出的一项预防腐败制度，利用较高的薪酬防止公职人员利用职务之便为自己牟私利，同时对贪腐者辅以严厉的惩戒措施，恩威并施防治贪污腐败行为。公职人员得到优厚薪酬，如此不仅能够维持其基本生活用度，还能够保证其较高消费水准，防止其因为经济状况不佳而盯上手中权力，从而为其能够秉公办事、保持廉洁筑起一道安全墙。在高薪养廉制度实施较早的新加坡，政府尽力提升公职人员待遇，避免其收入水平与所掌握的公共资源形成巨大反差，以致出现心理失衡。一旦公职人员被发现有贪污腐败行为，不仅会承担相应的处罚，还会被没收全部公积金，致使其晚年生活丧失基本保障，这对公职人员保持清正廉洁起到有效的震慑作用。当然高薪养廉制度在具体执行中也有其弊端，如增加了企业的财政支出，加重了国家税收负担，拉大了公职人员与低收入者的差距，这些都有可能引发新的社会矛盾，因此当前国际社会对高薪养廉制度的态度也各不相同。

4. 集中采购制度

发达国家实行市场经济较早，市场发育比较健全，政府对经济的调控遵循自由原则，因此市场主体受到的行政管制相对较少。公职人员进行行政审批的项目非常有限，这就减少了权力对企业经营的干预，让资源在市场规则的约束下自由流通，从源头上减少了权钱交易的机会。对于国家机构的必要办公用品、市政建设、公共服务产品、军工产品等，很多国家都实行集中采购制度，通过公开的招标、投标程序，充分对比不同企业的资质和报价，使采购行为在公开、透明环境中完成。一般集中采购的招投标由议会进行组织，并由独立的监察委员会或其他监察机关对过其程进行全程监督。挪威、芬兰、冰岛等北欧国家大多采取了这项制度。

5. 举报人制度

为激励普通民众参与反腐败斗争，不少国家还专门建立了举报人制度，通过完善的法律规定保障举报人的经济收益和人身安全。在一些发达国家，任何公民只要持有充足证据，均可以起诉贪污腐败、浪费公款、权钱交易等行为，起诉者可以分得追回的部分赃款作为奖励。日本就制定了专门的《公益通报者保护法》，用以保护揭发政府和企业高管腐败行为的举报人。日本在反腐机构办公场所均开设公益举报窗口，任何公民都可以通过来访、信函、网络、电话等形式进行举报。美国的《文官制度改革法》中也规定了对揭发违法行为的举报人要进行有效保护。这些极具威慑力的法律和措施极大调动了普通民众反腐的积极性，增强了社会反腐的力量。举报人制度的实施，使举报人免除后顾之忧，积极支持公众参与反腐斗争，在全社会形成一种强大的反腐声势，使贪腐者如过街老鼠般人人喊打。

6. 监督制度

监督是遏制和治理腐败的必要措施，很多发达国家设置了强大的监督机构对权力进行约束，并赋予了其必要的职责和权威，使其有效地治理腐败行为。以宪法为依据的议会监察是西方现代监督体制的核心，英国早在资产阶级革命成功后就建立了议会监察制度，议会拥有质询、批评、调查等权力，并可以使用通过不信任案的方式对国王和高级官员进行监督。

在加强权力监督的实践中，发达国家还注意发挥利益集团、新闻媒体、民众的监督作用，形成了较为完善的监督体系。其中新闻出版部门是独立于权力系统的自主经营实体，这种独立性使其能够不受政治干扰和非法制约。新闻部门遵照新闻法进行独立活动，在揭露社会矛盾及权力部门腐败现象方面不遗余力，甚至得到"第四种权力"的美誉，在反腐败斗争中发挥着独特作用。

（三）严厉的社会舆论监督

廉洁程度较高的国家普遍重视建立多维度、多层次的权力监督体系，除了政治系统内部的各种监督之外，还特别重视社会舆论监督的重大作用。在长期的廉政文化熏陶和舆论宣传下，普通民众的政治参与意识逐渐提高，全社会的监督氛围也逐渐形成，尤其是在竞争性政治中，民众社会组织、利益集团、新闻媒体共同构建成严密的监督网络，为公共权力的行使加一个"紧箍咒"。

新闻媒体的监督在社会舆论监督体系中发挥的作用尤为重要，甚至被称为"第四种权力"。诸如报刊、广播、电视等传统媒体和网络新兴媒体一起通过自主新闻调查、评论和传播，对公共事务和政府行为进行监督。尤其是互联网时代的到来，新兴媒体对腐败丑闻的披露更加便捷，"人人都是记者，人人都有麦克风"，很多官员的腐败丑闻被曝光并接受处罚，显示了新媒体的监督威力。

从发达国家的反腐实践来看，新闻媒体要发挥强大的社会监督作用，必须具备一定的前提条件。第一，新闻自由获得法律保障。法律应明文规定新闻自由，媒体可以采访报道政府部门和议会的内幕情况，国家和地方公职人员可以向媒体披露内幕信息，只需保证内容属实，不属于泄露国家机密的范围，但其他任何个人和机构均不得进行追查。第二，新闻记者严格遵守法律和职业道德。记者在法律规范和职业道德操守下进行调查采访，媒体的腐败丑闻必须具有一定程度的真实性，不能为了博取公众关注而捏造事实，以维护新闻媒体的公信力和保证舆论监督的公正性。第三，新闻监督与其他监督形式互相配合。新闻媒体监督与政治系统内部监督、民众监督，利益集团监督形式密切配合、互相关联才能最大限度地发挥自己作为"反腐利器"的作用。当然由于政治制度和意识形态之间的差异，我们不能完全照抄照搬发达国家新闻监督的途径和做法，但是至少可以认识到新闻监督在反腐斗争中的巨大作用，并积极探索中国特色的新闻监督途径，使新闻媒体在新时代政治文明建设中释放出最大能量。

三、其他国家廉政思想与实践的借鉴意义

（一）健全廉政法规体系

清廉程度较高的国家大多重视立法，逐渐形成预防与惩治相结合的法律体系，并在实践中收到良好效果。早在 1906 年英国就出台了《反腐败法》和《公共机构腐败行为法》，成为第一个用法律治理腐败行为的国家。美国也先后制定了《政府行为道德法》《联邦贪污对策法有组织勒索、贿赂和贪污法》《政府阳光法案》《信息自由法》等法律，形成完善的反腐法律体系。瑞典、芬兰、挪威等北欧国家和新加坡清廉程度相对较高，其共同点是都有严密、细致的反腐法律体系。这些国家的反腐经验启示我们，必须制定反腐败的专门法律，使反腐败斗争法治化。

在我国政治文明建设逐步推进的大背景下，依法治国是党治国理政的基本方略，法治反腐也渐成民众共识。法治反腐离不开健全的法律法规，否则会陷入"无法可依"的境地。从腐败产生的现实状况来看，腐败动机、腐败机会和腐败资源是促成贪腐的三个重要因素，要消除这三个因素的不良影响，需要形成使人"不敢腐"的惩戒机制、"不能腐"的防范机制和"不想腐"的自律机制。而要顺利达成这些目标，归根到底

要靠健全的廉政法规体系。

（二）完善反腐监督体系

清廉程度较高的国家在实践中逐步建立起比较完备的监督体系，来强化对公共权力及其工作人员行为的监督。这种监督体系由多种监督方式构成，既有政治系统内部的监督，如立法监督、司法监督和行政监督，又有多种形式的社会监督，如媒体监督、公众监督和工会监督。体制内和体制外的监督结合起来，共同编织成一张严密的监督之网。尽管这样的监督体系不可能彻底消除腐败，但在一定程度上抑制了腐败的泛滥，严密的监督体系是反腐斗争中的关键环节，是调动国家机能、使其正常发挥，成为这些国家政治稳定的"黏合剂"。

为有效打击腐败犯罪，我国也应进一步完善监督体系，建立全方位、无死角的监督网络。首先，强化监督意识。创造良好的社会监督氛围，使民众积极参与到反腐斗争中，并用法律保障监督者的人身和财产安全。政府也应继续推行政务公开，使民众拥有更多的知情权和参与权，只有将权力置于阳光下运行，才能保证监督不会流于形式。其次，强化监督重点。重点强化对各级党政领导干部，尤其是"一把手"的监督，同时要对关键环节和关键岗位给予重点关注，通过综合运用党的纪律检查和政治系统内部监督各种形式，逐渐形成"不能腐、不敢腐"的防范机制。最后，丰富监督形式。社会发展日新月异，腐败现象也不断出现新形式，在坚持传统党内监督、监察监督、民主党派监督、检察监督等形式外，也要不断与时代发展相适应，创新多种监督方式，把线上监督与线下监督结合起来，努力形成国家、社会、家庭三位一体的监督网络。

（三）公开政务信息

因腐败是秘密交易行为，政务信息公开和透明无疑是遏制腐败的有效措施之一，很多国家在反腐实践中的又一经验是公开政务信息。将权力运行过程置于公众监督之下，暗箱操作、徇私舞弊的空间可以被极力压缩。瑞典早在1776年就向公众开放了政府工作记录，民众不仅有权查询政府部门的日常工作状况，还可以查阅各级官员直至首相财产和纳税情况。历史证明，保密最多的地方必是最易发生腐败的地方，暗箱操作之下必定出现权力寻租。

我国近年来查处的各类腐败案件也说明，一些领导干部之所以走向堕落的深渊，原因之一就在于某些领域缺乏透明机制，个别掌权者有暗箱操作的机会，在其他监督措施缺位的情况下，权力必然成为徇私舞弊的"利器"。相反，让公共权力尽可能地暴露于阳光之下，暴露在社会民众的监督之下，滥用的可能性则将大大降低。

今后应进一步推动政务信息公开向纵深发展，不断提升公开质量，切实以公开、透明的方式保证权力规范运行。首先，不断提高政务信息公开的规范化、标准化程度。当前政务信息公开工作中面临的最大问题是公开标准不明确，有关部门公开信息的随意性较大，导致公开信息的实用性不高。其次，加大对信息公开的监督力度。政务信息公开也应引入评价机制，尤其是应增加社会评议的力度。最后，创新信息公开的网络平台。互联网飞速发展的时代需要及时创新政务公开的平台和途径，使用群众喜闻乐见的微信公众号、微博等形式发布信息，结合传统新闻发布会、宣传册、公告栏等渠道，做到线上线下协同、关切群众需求，提升公众获取政务信息的便利度。

（四）普及问责制度

现代意义上的行政问责制产生于近代英国，由其实施多年的弹劾程序演变而来。行政问责制的基本内涵，指政府及公职人员应当公开自己的政治活动，对自己的言行举止、工作方法和工作绩效负责，接受来自上级和民众的评判乃至起诉和罢免。行政问责制自产生以来，历经几百年的实施和演变，已逐渐成熟和完善，在国家治理贪腐中发挥着重要作用，成为很多国家借鉴的典范。

（五）加强廉政教育

许多国家在重视廉政制度建设的同时，也在强化廉洁自律教育的社会功能，把廉政教育融入国民素质提升中。澳大利亚监察机关派发使用20多种文字编写的反腐卡片和小册子详细向民众普及反腐常识，并重点介绍如何举报腐败犯罪行为，使之家喻户晓，形成人人反贪污反贿赂的社会氛围。

思想是行动的先导，我国廉政建设在加强制度建设和加大打击力度的同时，也要重视廉政教育的普及。从文化层面上推进廉政建设，增进廉政宣传教育的广泛性、时效性和针对性，有利于在全社会营造风清气正的良好环境。

一方面，廉政教育应当面向全社会，增强全体民众反腐倡廉的自觉性。廉政教育工程是一项重视系统性和实效性的工作，应在全社会形成积极合力，与学校、社区、企业、家庭等教育结合起来，形成浓厚的反腐倡廉的社会氛围。全体公民应该继续坚持社会主义荣辱观，以国家主人翁的姿态积极参与社会监督，对腐败行为"人人喊打"，为廉洁社会和廉洁国家建设贡献自己的力量。

另一方面，重点抓好公职人员的廉政教育。公职人员是廉政教育的重点对象，不仅要用严格的法律和制度措施保证其正确行使权力，还要以多种多样的廉政教育形式"改造主观世界"，使其养成清廉、为民、务实、创新的从政道德。把廉政文化纳入党校（行政学院）和各种干部培训机构的教学大纲，使其成为公职人员的"必修课"。

反腐败是一项系统工程，任何国家反腐成功的经验和措施均是与本国国情相结合的，深深根植于本国政治、经济、文化、历史等多种因素之中。我们在借鉴国外反腐经验时必须认识到，所谓的先进经验不能放之四海而皆准，一定要和我国国情相结合，仔细甄别和选取适合我国实际发展状况的成功经验，绝不能不顾国情、不加鉴别地照抄照搬。

思考练习

1. 简述中国传统廉政思想的时代价值。

2. 中国古代的廉政制度有哪些可以借鉴？

3. 从网上查找资料，写一篇关于清朝顺治年间清官于成龙的生平事迹。

4. 我国可以借鉴西方国家的哪些廉政建设理论和实践？

第三章

高校廉政建设的理论与实践

1. 了解高校廉政建设的内涵和意义；

2. 了解高校廉政建设的现实情况；

3. 熟悉高校廉政建设的主要措施。

高校领导腐败案件查处情况

梳理中央纪委国家监委网站通报的案例，2020年共有17名高校领导接受纪律审查和监察调查，其中党委书记6名、校长（院长）7名；共有11名高校领导被"双开"或开除党籍（被查时已退休），其中党委书记3名、校长（院长）4名。多名高校书记、校长被查，印证了高校纪检监察体制改革、巡视巡察监督等方面取得了明显成效。

从人员构成看，通报的高校厅局级领导干部中，党委书记、校长（院长）占比超过七成。"这表明，作为高校'关键少数'的主要领导干部成为腐败的重点人群，特别是'一把手'腐败成为当前高校腐败案件的显著特征。"北京科技大学廉政研究中心主任宋伟认为，加强对高校"一把手"的监督制约刻不容缓。

从涉案高校看，除中国传媒大学和广州民航职业技术学院分别是教育部和交通运输部的部属院校外，其余均为省管高校，涉及上海、广西、黑龙江、广东、云南、吉林、山东、安徽、内蒙古、北京、四川等10余个省（自治区、直辖市）。

从分布地方看，云南省纪委监委共对4人开展审查调查，包括西南林业大学原党委书记吴松、保山中医药高等专科学校原党委书记胡飚、文山学院原党委书记熊荣元和云南开放大学原党委委员、副校长蔺延钫。内蒙古自治区区属高校有4名领导干部被"双开"或开除党籍，包括呼和浩特职业学院原党委书记赵全兵和原党委副书记、院长李怀柱，内蒙古民族大学原党委副书记肖剑平，内蒙古医科大学原党委委员、纪委书记马仲奎。

（作者根据相关资料整理）

案例思考：

1. 高校具有权力高度集中和资源高度丰富的双重特点，试简述高校腐败主要集中在哪几个领域。

2. 你身边的校园微腐败现象有哪些？

3. 你对高校廉政建设有什么建议？

第一节　高校廉政建设的内涵与意义

高校廉政是指高等教育领域内的廉洁行政。高等学校是非行政机关，并不拥有强大的行政权力和资源的分配权，在较长一段时期内都被人们称为"清水衙门"。因此，早期研究高校廉政的论文并不多见。1998 年前后，高等学校普遍经历了变革。从权力上而言，随着高等教育管理体制的改革，高等学校的独立法人地位逐步得到确立，学校在招生、经费使用以及机构、学科、专业设置和人员聘用等方面开始拥有一些自主权。就经费而言，高等学校中日益增多的科技、文化服务和生产经营等活动，加大了学校为社会和经济建设服务的力度，同时也拓宽了学校的资金来源。由于这两个方面的变化，高校腐败案的数量持续上升，而关于高校廉政建设的研究也日益增多。同时，基于这两个方面的变化，我们所研究探讨的高校廉政的内涵也有所拓展。

一、高校廉政建设的内涵

关于高校廉政的内涵，学界至今没有提出一个统一的标准。张国臣认为："高校廉洁文化是根据社会主义廉政文化、廉洁文化建设的总要求，结合高校实际提出的一个概念，是在高校现存的环境中，广大师生对廉洁的道德化认知。为此，我们可以说，高校廉洁文化是高校在办学过程中，倡导和积累起来的促使管理者廉洁从政、教师廉洁从教和学生廉洁修身，推动高校依法治校、廉洁办学的思想观念、行为规范、规章制度和价值取向的总和。"唐重华认为："所谓高校廉政文化，就是指由高校行政权力与学术权力的行使者主导，由校内广大师生推动与支持形成的，以'公廉、节俭'为核心内容的，强烈的集体责任意识与内心诉求。"随着对高校廉政研究的深入，学者们结合社会、高校发展的实际情况，从不同角度，加深了对高校廉政建设的认识。

一是高校廉政的范围在高等教育系统内。高校腐败的主要根源是内部集权。廉政是一种权力的制衡，确保高校在发展过程中教学、科研的公正与公平。

二是高校廉政的对象集中。高校廉政的对象主要是高校内部各级领导干部，尤其是基建、采购和招生领域的领导干部。

三是高校廉政具有双重意义。高校集教学与科研于一身，作为一个相对独立的部门，有其自身的运转规律；而作为教学部门，高校为社会培养人才。因此，高校廉政具有双重意义。一方面，高校廉政是指高校的工作人员公正、公平地行使自己掌握的权力，不侵占公共利益和他人利益；另一方面，高校廉政教育也是培养学生廉洁品质的过程。

综上所述，高校廉政建设就是促进高校廉洁办学和廉洁行政，培养廉洁风气。一是切实提高高校中教职员工的廉洁意识，使高校广大党员干部特别是领导干部严于律己，以身作则，堂堂正正做人，干干净净办学，杜绝高校的各种腐败行为，促进高校和谐、有序、快速发展；二是在高校加强廉政思想建设，让学生在学生时期就接受廉政思想的教育和熏陶，树立"以廉为荣，以贪为耻"的廉政意识，树立"诚实守信""反腐倡廉"的思想观念。

二、高校廉政建设的意义

（一）高校廉政建设有利于培养社会需要的高素质人才

高校是培养高学历人才的场所，每年为国家培养了千千万万各行各业的合格建设者和接班人。大学阶段是学生世界观和人生观形成的重要阶段，大学不仅要传授专业知识，更要使学生在思想道德素质上符合社会主义建设者和接班人的要求，随着改革开放不断深入和社会主义市场经济的快速发展，一些大学生的思想意识出现了偏差，拜金主义思想涌现，理想信念模糊，价值观念错位，模糊了应为与不为的界限。加强高校廉政文化建设，可以使学生知道什么是美，什么是丑，什么是应该倡导的，什么是应该坚决反对的，使他们能在思想上真正地与时代同步伐，与祖国共命运，与人民同呼吸共奋斗，使他们真正地从内心树立起清正廉洁的思想意识。加强高校廉政文化建设，培养和造就千千万万具有高尚思想品质和良好道德修养，掌握现代化建设所需要的丰富知识和扎实本领的人才，对经济社会的发展和社会主义现代化国家的建设具有重要的意义。

（二）高校廉政建设有利于引领社会先进文化

廉政文化是一种先进的文化，它反映了当今中国文化的价值取向：反对腐败，崇尚廉洁。在全社会范围内进行廉政文化建设可以形成对全体社会成员的教化、引导、约束和激励，能够培养公众的思想道德情操，培养公众树立良好的道德品格和高尚的人格。高校作为继承与发扬优秀文化、传承先进文化的阵地，其进行的廉政文化建设更能够发挥廉政文化的辐射和带动作用，在全社会范围内成为廉政文化的先行军和示范者。

而且，大学生群体是我国党政人才、干部的主要来源，随着我国经济社会的快速发展，会有越来越多的大学生成为我们国家的各级党政干部。从某种意义上说，对大学生进行的廉政精神文化教育及廉政行为文化教育的成果，将决定未来我们国家党政干部队伍的整体素质，对于净化社会风气也有着不可估量的作用，同时也将起到引领社会先进文化发展的作用。

（三）高校廉政建设充分保证高校建设和发展

高校廉政文化建设可以为高校的建设和发展营造一个良好的政治环境。廉政文化建设可以加强高校廉政教育，健全廉政制度，规范师生行为，弘扬社会正气，确保学校建设和发展的顺利进行。首先，高校廉政文化建设可以提高高校的管理水平。高校廉政文化建设要用习近平新时代中国特色社会主义思想武装管理者的头脑，提高管理者的素质。廉政文化建设以严格的党纪监督人，以有序的政纪要求人，以完善的机制约束人，以正确的价值观念规范管理者的思想和行为。其次，高校廉政文化建设是高校深入推进党风廉政建设的重要举措。高校廉政文化是在高校党风廉政建设和反腐败的实践中形成的，对反腐倡廉起着导向和支撑作用，它所包含的廉政精神、廉政观点、廉政道德、廉政准则等，对高校师生员工的精神境界起着提升作用，它的不断加强，必然引导高校师生员工严格要求自己，深化廉洁自律意识，自觉抵制腐败文化。同时，也能使校园内的每一个成员学习、掌握廉政知识，提高廉政监督水平，加大对党风廉政建设和反腐败工作的支持力度。最后，高校廉政文化建设有助于高校营造风清气正的发展环境。通过在校园进行廉政环境文化建设，校园廉政精神文化建设等形成以贪为耻、以廉为荣的氛围，从而形成一种廉政建设的气势，使高校干部、教师和学生分别形成廉洁从政、廉洁从教和自律修身的行为，同时也创造出抵制腐败诱惑和不良风气的良好氛围和环境。

（四）高校廉政建设是反腐倡廉的重要组成部分

高校作为社会中一个非常重要的有机组成部分，加强其廉政建设，对整个社会的反腐倡廉有着非常重要的意义。高校是一个特殊的环境——社会上声望较高的知识分子、高层次人才聚集的地方，面对的是一个特殊的群体——青年学生，担负着一种特殊的任务——育人。全国反腐败工作的重点是党政机关、行政执法机关、司法机关和经济管理部门，因为这些机关和部门是权力、金钱最集中的地方，容易产生权钱交易，形成腐败。但"权"和"钱"都是由人来支配的，不是说有了"权"、有了"钱"就一定会产生腐败，更关键的还是"人"。高等学校招生数量逐年扩大，高校毕业生越来越多，源源不断地为社会输送大学生，而这些大学生将是我国各行各业、各条战线上的中坚和骨干。他们中的许多人将成为经济建设的骨干和中坚力量，一些人在未来将担任各级单位的领导，还有一些人将担任国家重要的领导职务。他们的政治思想素质和拒腐防变能力，与大学期间所受的教育和影响有很大的关系。因此搞好高校廉政建设，培养出政治素质强、能够拒腐防变的大学生，从培养未来党和国家需要的德才兼备的干部角度上讲，扎实推进高校廉政建设是从源头预防和治理腐败的重要措施。

第二节　高校廉政建设存在的主要问题

一、高校腐败案件时有发生[①]

2023 年 8 月 26 日，辽宁省纪委监委发布消息，沈阳音乐学院原党委书记董亲学涉嫌严重违纪违法，接受辽宁省纪委监委纪律审查和监察调查。董亲学在教育领域工作多年，编著过《科教兴农方略》一书，担任过辽宁省铁岭农业学校（现名辽宁职业学院）校长、党委书记，大连海洋大学党委书记等职。2019 年 1 月，董亲学任沈阳音乐学院党委书记，2022 年 12 月下旬卸任该职务。仅 8 个多月后，董亲学被查。

在董亲学被查前一天，2022 年 8 月 25 日，最高人民检察院微信公众号发布消息，广西财经学院原党委副书记、院长席鸿建（正厅级）涉嫌受贿案，由广西北海市人民检察院依法批捕。同日因涉嫌受贿被北海市检察院批捕的，还有广西财经学院原党委常委、副院长廖文龙（副厅级）。

据不完全统计，2022 年全年中管、省管高校领导至少 23 人被查，2023 年年初至 8 月底，同口径统计至少 22 人落马。梳理资料发现，省管干部层面，被查的高校领导干部至少有两大特点：一是超半数是卸任后或退休后被查；二是被查人员超六成是校长（院长）或党委书记，其中既有曾任也有现任。

具体而言，2023 年落马的 22 人中，至少 13 人是卸任或退休后被查的。比如河南警察学院原党委书记、省纪委驻省公安厅纪检组原组长王

---

① 参见佟西中《今年 20 余名高校领导被查，"象牙塔"反腐有何深意》，中国新闻周刊网站，http://www.inewsweek.cn/politics/2023-09-04/19681.shtml。

伟平，他 2022 年 3 月到龄退休，仅 5 个月后即被查。成都师范学院原党委书记曹子建，2017 年 9 月卸任前述职务，2021 年 4 月退休，退休两年多后被查。湖南科技职业学院原院长杨栋梁，2015 年 6 月因年龄原因卸任，8 年后被查。

从被查人员岗位看，22 人中，至少 15 人曾任或现任院校党委书记、校长（院长）；从反腐败监察的角度看，这些人中超六成曾属于院校的"关键岗位、关键人物"。

从涉案领域来看，高校腐败犯罪主要集中在基建工程、校办企业、合作办学、组织人事、财务管理、物资采购、招生就业、科研经费使用等领域。

从人员职级来看，高校腐败犯罪的风险职级由高到低依次为校级、处级、科级、普通职员及教师。其中，担任校级、处级领导职务的占比近 60%。

2022 年 9 月出版的《高校反腐警示录》提到，高校领导手握行政权力，同时掌握着高校"经济命脉"，其权限涉及招生招录、基建工程、人事管理、职称评定等，在人权、事权、财权方面有话语权甚至支配权，上述领域也是腐败易发多发的领域。

二、高校科研学术腐败屡禁不止

（一）科研腐败

科研腐败是指学术研究者利用各种手段申请到科研经费后，不用于对应的科研，而是"扩大用途""挤占挪用"。近年来，随着科技强国战略的持续推进和科研经费的不断投入，高校已经成为实施创新驱动发展战略、建设创新型国家不可或缺的重要力量，并将继续在科技成果供给和支撑经济社会发展方面发挥重要作用。然而，与这一良好发展局面不相匹配的是，随着高校科研经费的不断增多，科研腐败开始在高校这块净土上滋生，并呈现出蔓延趋势。

现实中项目一到手，一些课题负责人就蜕变成了"项目老板"，科研经费就成了"唐僧肉"，任他们"宰割"。有利用购置科研设备拿回扣的，有直接用来购买私有汽车、房屋的，有为自己购买高价保险的，至于用于旅游和吃喝拉撒等日常开销，则更是"家常便饭"。

高校科研腐败问题不仅会严重影响科研成果的产出和质量，而且会造成国家科研资源的浪费，更与当前"零容忍"反腐的趋势相违背。

 精选案例

违反科研经费管理规定典型案例通报

中国农业大学原教授李某伙同他人侵吞、虚开发票、虚列劳务支出等问题。经查，李某贪污课题科研经费共计人民币 3756 万余元，其中贪污课题组其他成员负责的课题经费人民币 2092 万余元。法院认为，被告人李某伙同张某利用职务上的便利，侵吞、骗取科研经费，数额特别巨大，李某、张某的行为均已构成贪污罪。鉴于近年来国家对科研经费管理制度的不断调整，按照最新科研经费管理办法的相关规定，结合刑法的谦抑性原则，依据李某、张某名下间接费用可支配的最高比例进行了核减。在共同犯罪中，李某系主犯，具有法定从重处罚情节，本案部分赃款已追缴，对李某可酌情予以从轻处罚；张某系从犯，

且认罪悔罪，依法可对张某减轻处罚。最终，对被告人李某以贪污罪判处有期徒刑 12 年，并处罚金人民币 300 万元，对被告人张某以贪污罪判处有期徒刑 5 年 8 个月，并处罚金人民币 20 万元；对贪污所得财物予以追缴，上缴国库。

　　浙江大学原教授陈某旭虚构业务、伪造合同、假冒签字、偷盖公章、公款报销问题。经查，陈某旭担任科研项目负责人期间，将科研经费划入自己参与控制的公司，采用编制虚假预算、虚假发票冲账、编制虚假账目等手段冲账套取国拨科研经费，贪污 945 万余元，被判刑 10 年。

（作者根据相关资料整理）

（二）学术腐败

　　高校学术腐败指没有学术权力并以学术为介质或目的而产生的腐败行为，包含没有任何学术权力的研究者所发生的学术抄袭、剽窃和学术造假、科研经费的浪费与挪用，以及权学交易、钱学交易、学色交易等。进入新时代以来，高等院校发生了众多学术腐败事件，产生了极其恶劣的影响。高校学术腐败既明显败坏了校风、学风，助长了社会上的歪风邪气，又极大地浪费了有限的教育科研资源，严重阻碍了我国学术研究与科技创新的发展，甚至严重丑化了我国学术的国际声誉。高校学术腐败主要表现在以下几个方面。

　　有些人打着"学者""学术研究"的旗号，喊着"改革创新"的口号，不惜兴师动众，又是"调查"又是召开"研讨会""成果发布会"，邀请专家、领导参加，其真实目的是扩大自己的"影响"。有些教师的精力不用在学术研究和培养学生上，而是四处钻营，搞影响，到处拉关系、走后门，排除异己，谋求个人和小团体的私利，到处跑门路，找课题、争取科研经费，钻进基金会和其他学术权力机构当评委，捞取金钱和荣誉。这种行为既是学术腐败的表现，又是庇护学术腐败的壁垒，是学术腐败的重要根源。

有些人利用自己的"名望"跑课题、找项目，当项目到手以后，自己根本不尽心尽力认真研究课题、完成项目，或找人代写论文，或雇用"枪手"代替完成科研项目，还有的人把科研任务分配给博士生和硕士生去完成，而对研究成果的质量从不关心，成为剽窃学生成果的"专家"。一些"成果"除了拿去评职称以外，没有任何价值，浪费了大量的人力、物力和财力。

有些人花钱买文章、买著作。不管是高校还是科研机构，不管是晋升职称还是年终考核，不管是评奖还是选拔人才，统统都与刊发的论文数量有关。一些教师由于某些方面的原因需要发表文章，为了满足条件和应付差事，花钱发表一些文章。有些垃圾刊物为了经济利益，往往是不需要审稿，只要给钱就给发表文章。这一风气直接影响到了学生，一些学生花钱购买硕士论文、博士论文，甚至一些本科生也花钱买毕业论文，这些都严重损害了社会的公平与正义。

（三）学术不端

2016年，教育部发布《高等学校预防与处理学术不端行为办法》（以下简称《办法》）。根据《办法》的规定，学术不端行为是指高等学校及其教学科研人员、管理人员和学生，在科学研究及相关活动中发生的严重违反公认的学术准则、违背学术诚信的行为。《办法》认定的学术不端行为有7种：剽窃、抄袭、侵占他人学术成果；篡改他人研究成果；伪造科研数据、资料、文献、注释，或者捏造事实、编造虚假研究成果；未参加研究或创作而在研究成果、学术论文上署名，未经他人许可而不当使用他人署名，虚构合作者共同署名，或者多人共同完成研究而在成果中未注明他人工作、贡献；在申报课题、成果、奖励和职务评审评定、申请学位等过程中提供虚假学术信息；买卖论文、由他人代写或者为他人代写论文；其他根据高等学校或者有关学术组织、相关科研管理机构制定的规则，属于学术不端的行为。其具体表现形式如下。

1. 剽窃

剽窃表现为将他人的成果据为己有，或取一段，或一篇和多篇。该类型最大的特点是保存原稿的真实性，连标点符号或错别字都照抄照搬。这是高校学术腐败中"技术含量"最低的一种，许多高校的教师和学生对其乐此不疲，究其原因，就是成本低，可以用最少的付出在短时间内换取高回报。此种类型"技术含量"低，也最容易被发现。更恶劣的还有偷偷将他人未正式公开或发表的成果窃取得手，然后署上自己的名字，在刊物上公开发表。这种行为主要包括：（1）文字抄袭，即在公开发表的文章中使用他人的学术成果，并声称或暗示这些成果为己所有。（2）交流剽窃，即在学术交流、研讨过程中得到了一些有价值的思想，全盘地接受和使用这些思想而不加以标注和致谢。（3）评议剽窃，即在各种学术同行评议过程当中，包括审稿、科研项目立项评审等，直接吸纳和使用送审人的学术观点以谋取个人的不当利益。（4）自我抄袭，是指重新使用本人以前已经使用或公开发表的研究成果，并将其表述为正在或新近完成的科研成果。

2. 拼凑

拼凑即将不同作者的成果，采取复制、粘贴等手段，汇成一篇完整的文章，并公开发表，其危害深远。如果说剽窃型的腐败伤害的仅仅是一个人的话，那么拼凑型的腐败则伤害的人数更多。此种类型被高校多数教师和学生采用，原因就是其隐蔽的程度比剽窃"高明"，不仔细鉴别的话，很难察觉。

3. 造假

造假即捏造调查数据和统计结果，凭空想象。造假是主观虚构和描述了不存在的事实，或将客观事实加以修饰，使其失去客观真实性。包括伪造、篡改和虚假陈述等。这些行为严重背离科学研究的基本准则，情形严重或造成重大后果的，也可能触犯刑法，构成欺诈罪。如果说"假货"浪费的是资源，那么"假学术"则毒害的是学术道德和民族精神，其危害性不可估量，其严重性不可小觑。其中，伪造是利用各种不实手段，编造科研结果、结论和产品。篡改是将已有的科学实验数据、图表等加以修饰、改动等，使其符合自己的预设结论，进而谋求不当利益。虚假陈述是指提供虚假的个人履历、学术经历等信息，以获取不当的学术利益。还有一种隐形造假行为，就是虚假学术宣传，即为谋取个人利益和荣誉，对于自身或其他利益关联方的学术水平、科研成果的学术价值、商业价值等以特定方式包装、剪裁、夸大，从而误导评审人员、公众和投资人并产生不良社会影响。

4. 隐匿

隐匿是有取舍地使用和发布各类本应充分使用和发布的信息，人为地隐匿一些重要事实，以谋取个人的不当利益。包括：（1）主观取舍科学数据。通常是指科研人员在记录和处理、报告实验数据时，将他们认为"不好"的数据隐匿、舍弃，以免这些数据可能生成他们所不希望的实验结果。（2）故意忽视他人的重要学术贡献。在学术出版物或其他学术活动当中故意地、明显地不引用本领域代表性重要事实和重要文献。科研人员可能会因为科学态度不公正客观、不尊重同行学术贡献，或有门派歧视等原因而受到学术不端指控。被指控人是否具有主观故意以及该行为是否造成不良后果是认定学术不端的要点。（3）隐匿利益冲突。在学术活动中故意不披露应该披露的利益冲突关系。表现为在学术评议过程中，不主动申明或回避这些潜在或现实的利益关系；在发表科研论文时，不使用标注等方法说明科学实验资金资助来源和委托人信息等。

5. 买卖

买卖行为涉及的是经济上的买卖双方，不仅仅是学术腐败个体的独自行为，而是有他方共同参与的行为。卖方一味地为了追求经济利益，将自己的研究成果转让给他人，从而获取高额报酬。如许多网站公开声明能承接代写论文业务，代写职称论文、学位论文等，形式多样，只要读者愿意花钱，几乎都能拿到自己想要的文章。这些人大多藏匿于高校，此股歪风邪气有愈演愈烈之势，许多在职的硕士和博士的学位论文，相当一部分源于这些人之手。据媒体披露，科研人员（包括学生）为获得学位或其他学术荣誉，购买"枪手"代写的论文；一些教师也因为职称晋升的压力，购买了"论文工厂"生产的"论文"投稿发表。还有一种形式，就是代写论文。包括找人帮自己写和主动帮他人代写论文两种形式。虽然不是直接买卖，但也存在隐性利益输送。

6. 贿赂

许多身居要职的高校领导平时忙于行政和应酬，但又面临学术上的压力，如每年应该在核心期刊上发表多少文章，或参与多少课题等，再加上笼罩一身的耀眼学术光环，如院士、学科带头人、专家学者等，在不能完成任务的情况下，只能铤而走险，接受学术贿赂。下属或同课题组的研究人员，为了追求个人的发展，为了得到领导的照顾，心领神会，不给领导送金钱、送实物，只送科研成果、文章、书籍等。此类作案手段隐讳，不易察觉。

7. 编译

编译即在网上、杂志和书籍上获取一些相应专业的国外原始资料，自己翻译或找他人翻译，然后稍稍加工一下，便以个人的名义公开发表。水平非常拙劣的，几乎原封不动，就连翻译后的数据、国别可能都没有变动；水平高超的，则鱼目混珠，很难看出腐败的痕迹，只有专业学术打假之人才会发觉。

8. 搭便车

搭便车即不劳而获，不费吹灰之力，便能成为课题组的成员，或者不动一下笔杆，便成为第二、第三作者等。即使其对研究的领域一无所知，也不妨碍成为研究成果的组成人员，靠人际关系，得到个人利益。

9. 学术霸权

学术霸权即利用自己的威望，垄断或者封杀同领域的学术创新，或拉帮结伙，唯亲是用。更有甚者利用手中权力，左右课题和基金的去向，表面上似乎无腐败可言，实则暗藏猫腻。在学术评议过程中利用个人的学术权力，违背学术民主基本要求，操纵或引导学术评议结果。在学术评议过程中接受请托、游说和打招呼等手段谋取个人或特定学术团体的利益。

10. 学术侵权

学术侵权是指在科研活动中故意侵犯他人权益的行为。主要包括：（1）侵犯署名权和侵犯他人署名权。在文章发表或奖项申报等学术活动中，将本应该署名人员排斥在署名之外，或者为获得发表或资助等的便利，挂名领域内资深专家或其他人员。（2）侵犯隐私权。未建立严格的信息安全制度，未将研究中涉及个人的各类信息及数据妥善保管，未能切实尊重和保障受试者个人隐私。（3）侵犯科研合约。不按合同约定使用科研经费，将预算中明确规定用途的科研经费挪作他用。变更科研主体，违反合同约定，私下将科研工作委托他人代为完成。更改研究内容，不按合同约定开展既定目标的科学研究转而去研究其他问题。虚报结题报告，使用其他成果冲抵本项研究的结题要求。违反保密约定，不履行合同中资助方所要求的保密条款，或未按要求保守国家秘密等。

三、高校师德师风问题频发

习近平总书记指出，评价教师队伍素质的第一标准应该是师德师风，师德师风建设应该是每一所学校常抓不懈的工作。2018 年 11 月，教育部发布《新时代高校教师职业行为十项准则》（以下简称《十项准则》），以进一步增强教师的责任感、使命感、荣誉感，规范职业行为，明确师德底线，引导广大教师努力成为有理想信念、有道德情操、有扎实学识、有仁爱之心的好老师。总的来看，当前高校教师队伍师德师风总体向好，绝大多数教师都能自觉贯彻党的教育方针，默默耕耘、无私奉献，做到尊重学问、关爱学生、严于律己、为人师表，受到了广大学生的尊敬和爱戴。同时，高校师德师风问题频发，不容忽视。如损害国家和学校学生利益、发表不当言论、教学方式不当、学术不端和品行不良等，这些违规违纪行为触碰了师德红线、纪律底线，极大损害了教师形象，造成了不良社会影响。

（一）发表不当言论

少数教师违反《十项准则》的规定，在"坚定政治方向""自觉爱国守法""传播优秀文化"方面屡次突破红线和底线，在网络媒体上和课堂上公开发表错误言论和不当言论，造成恶劣影响。比如，2021 年 12 月，上海震旦职业学院教师宋某某在课堂上发表针对南京大屠杀的错误言论，被学校开除；湖北大学教师梁某某长期在网络媒体上发表"精日"言论，并为"反中乱港"分子站台，被取消研究生导师资格；海南大学教师王某某在 2011—2014 年多次在网络媒体上发表所谓"支持民主反对独裁"的错误言论，并声援我国台湾省的"太阳花学运"事件，被学校调查处理；2022 年 6 月 5 日，宁波大学教师李某在微信朋友圈公开发表歧视女性的言论，被学校辞退；2017 年 9 月 18 日，北京建筑大学教师许某某在课堂上宣扬"种族歧视"，称"中华民族是劣等民族""除日本以外所有亚裔都是劣等民族"，被学校给予行政记过处分；等等。

（二）损害国家、学校和学生利益

少数教师违反《十项准则》的规定，在"潜心教书育人""关心爱护学生"方面违纪违法，侵害国家、学校和学生利益。比如，2013年7月，某高校教师魏某某承担涉密项目，无视保密工作纪律，擅自在连接互联网的个人电脑上撰写涉密论文，并通过电子邮件将机密级课题协议书及自己撰写的涉密论文提纲发送给其他合作单位，严重违反保密纪律，被严肃处理。2020年2月，全国正值新冠疫情防控关键期，某高校向全体教职员工明确提出暂缓出国（境）的要求，绝大多数教职工对当前疫情下的出入境管理政策表示理解和支持，不再考虑出国。但教师李某某在未经学校审批同意的情况下接受国外学校邀请，擅自出国到加拿大某高校参会，并进行了学术报告。李某某的行为，违反政治纪律，也严重违反了"疫情防控期间企事业单位因公因私出国活动暂缓"和"公职人员不得因私出国"的规定，对学校造成了严重不良影响。学校对李某某给予行政记过处分，李某某所在学院也因为此事受到了学校的通报批评。

2017年3月，某高校音乐学院教师潘某以学校名义在外开设培训班，损害学校声誉和利益，被学校严肃处理。2020年3月初，某高校教师乌某某利用线上教学的机会，在考研辅导培训机构兼职，屡次出现敷衍教学的行为，被学校给予行政警告处分。

（三）在招生、考试、学生推优、保研等工作中徇私舞弊

少数教师违反《十项准则》的规定，在秉持公平诚信、坚守廉洁自律方面违纪违规，在招生、考试、学生推优、保研等工作中徇私舞弊，违反公平诚信原则，侵害学生利益。比如，某高校教师林某某为考研出题人，私自任教于校外研究生入学考试辅导机构，泄露考研真题，被学校取消了硕士研究生导师的资格，给予其行政记过处分。2016年3月，某医学学校辅导员杨某某接受学生叶某家长的4万元"好处费"，帮助叶某"专接本"。但叶某在考试中，成绩未达到专接本报名考试资格要求，专接本的事情未办成，叶某家长要求退回4万元，被杨某某拒绝。叶某家长向学校反映了该问题，学校对杨某某进行了严肃处理，给予杨某某降低岗位等级和专业技术等级的处分。2017—2019年，某高校辅导员先后收取8名学生及家长的购物卡、红包及礼品等共计16000元，被学校查处，学校对陈某给予降低岗位等级和专业技术等级的处分。

（四）爱岗敬业精神不强，对学生缺乏爱心与耐心

相较中小学生，大学生个性特征鲜明，部分教师没有认识到自身肩负着人才培养、科学研究、社会服务和文化传承创新的重任，把教师的工作单纯地等同于上课，以一种"打工"的心态应付学生，照本宣科，对教学内容、教学方法等缺乏探索和研究。部分教师虽然身为班主任，但对学生的生活、学习、思想情况漠不关心。还有一些教师缺乏爱心和耐心，不能做到一视同仁，甚至讥讽或歧视成绩不好和表现较差的学生，给学生造成心理伤害。比如，2013年6月，某高校教师贵某某在课堂上对学生打架不管不问，站在讲台上当"看客"，导致一名学生身亡，贵某

某也因此被冠以"贵不管"的称呼，影响极坏，被学校开除，并被学生家长追究经济和法律责任。

（五）违反教学规定，影响教学秩序和教学质量

少数教师忽视学校教学规定，擅自修改教学计划或课程设置，甚至将一些反动、消极的歪理邪说带到课堂；部分教师随意调课，随意用外出参观、看录像等方式代替上课或请他人代课，上课迟到、提前下课；部分教师考前泄露试题，批卷马虎大意，误扣误判，成绩录入错误率高。这些师德缺失的行为严重地影响了正常的教学秩序和教学质量。比如，某高校辅导员左某长期讲授形势与政策、职业生涯规划课程，左某认为这两门课程根本没什么用，所以他从不备课，随意拼凑或者直接从百度文库下载 PPT 进行讲授，从来没有课堂互动，甚至左某有一次在课堂上 PPT 念得过快，90 分钟的课程，只用了 45 分钟便全部讲完了，导致接下来的 45 分钟没有了讲授内容，左某索性将之前讲授完的 PPT 重新念了一遍，引起了学生的强烈不满并将其举报到学校，左某被学校给予警告处分并调离岗位。

四、高校管理服务隐性腐败

（一）"吃拿卡要"的庸俗行为

"吃"：接受服务对象"请吃"。"拿"：优厚亲友、收受"好处"。有的管理和服务人员存在以自己好恶、关系亲疏在考试阅卷、学生干部选拔、学生奖助学金评定、各种奖励表彰、实习安排、党员发展、学生

活动等方面给予倾斜、关照，甚至修改学生成绩。"卡"：利用公权力，卡压师生，谋取私利，捞取好处。"要"：争功诿过，热衷争先进、争荣誉，向组织伸手要待遇、要名、要利。

（二）工作上不作为

工作上不作为主要表现为慵懒散漫、消极应付、漠视师生困难、推诿扯皮。接待师生态度冷漠、漫不经心、告知不全面细致，甚至故意刁难。对有损公平公正的行为置之不理、漠不关心。如学生考试中，对作弊行为视而不见；对学生评奖评优、竞选先进、发展入党等过程中的违规行为不闻不问等。热衷投机钻营、唯上媚上，对上溜须拍马、对下颐指气使。

五、高校学生"微腐败"影响恶劣

高校学生"微腐败"有几个特点：一是小。尤其是与"大腐败"相比，往往显得微不足道，大学生对此缺乏警觉，学校和社会对其也存在一定容忍度。二是多。大学生"微腐败"在众多领域以多种形式存在，容易使大学生产生司空见惯、法不责众心理。三是惑。大学生"微腐败"多裹着"合情合理"的外衣，打着"人际交往"的幌子，依靠手段的隐蔽，游走于"边缘地带""灰色地带"，具有相当的模糊性。四是近。大学生"微腐败"就在学生身边，极易对大学生产生"传染"效应，危害极大。其具体表现在以下 4 个方面。

（一）弄虚作假

当前，大学校园中学术造假、作业抄袭、考试作弊等现象屡见不鲜，在很多高校，无论是专业课程考试、英语等级考试、计算机等级考试，还是做课题、做论文，都出现过"枪手"替代现象。对于此种弄虚作假的现象，众多大学生表现出的态度是漠视、认可和参与。"枪手"的价格甚至根据考试难度和重要程度明码标价，这种现象的背后其实是一种金钱交易。另外，高校还存在一些求职履历造假、骗贷逃贷、虚报家庭情况获取国家助学贷款或社会资助等诚信缺失现象。2022年5月，西安电子科技大学本科生雷某某、卢某某在做毕业设计过程中通过网络平台购买代码，并通过购买的代码完成论文的部分实验结果。经过学院学术委员会认定，给予雷某某、卢某某留校察看一年处分，其间不得申请学位，另外还取消了卢某某研究生推免资格。

（二）贿赂行为

在入党、学生干部竞选、评优评先等关系学生切身利益的环节中，大学生群体中也出现模仿社会上的腐败行为，采取请客送礼、托关系等形式，对相关人员进行贿赂。有一个极端的案例，2003年，黑龙江省一大学300名大学生为使考试成绩"及格"，由学生王某出面，每人收取50元，送给自然辩证法的授课老师于某，以便其在评卷时给予关照。于某收钱之后，利用职务之便，要求评卷教师为学生提高分数，使所有送钱的学生成绩均获得通过。于某最终因受贿罪受到了法律的惩罚，被学校开除。虽然是个别极端案例，但触目惊心。还有一个案例，2016—2018年，内蒙古一高校辅导员郭某利用担任辅导员的职务便利，非法收受其分管的部分获得国家奖助学金学生所送钱款共计人民币2.2万元。郭某把国家奖助学金、实习生管理费作为自己的敛财工具，在腰包渐鼓的同时，他也踏进了自己挖的陷阱。2020 年 4 月 13 日，内蒙古自治区通辽市中级法院终审裁定维持一审原判，以受贿罪判处郭某有期徒刑 1 年 6 个月，并处罚金人民币 11 万元，违法所得予以没收。

（三）享乐主义

少数大学生把享乐作为人生的至上追求和最终目的，价值目标向物质享乐和虚拟世界享乐倾斜，注重个人欲望的满足，对学习、活动敷衍了事，精神懈怠，贪图安逸，不思进取，或贪恋对物质财富的占有和享受，或沉湎于网络虚拟游戏无法自拔，美其名曰"精神享乐"，完全丧失了青年人应有的奋发向上、朝气蓬勃的昂扬斗志。其表现为：一是超前消费严重。"花明天的钱来圆今天的梦""提前享受生活"的错误观念被奉为圭臬，超前的消费享乐会诱导奢侈消费，尤其是一些家境一般甚至贫困的大学生去超前消费一些超出自己经济能力范围的东西，导致大学生"负翁"和"卡奴"的队伍日趋庞大，少数学生信用出现污点，校园诚信危机凸显。二是符号价值消费严重。享乐主义推崇符号价值消费，其消费的目的不是为了实际需要的满足，而是追求被刺激起来的个人欲望的满足。它所消费的不是商品和服务的使用价值，而更多的是其符号的象征意义，符号所承载的"附加值"。尤其在电子产品消费方面，追逐"人无我有，人有我新"，对实惠耐用的普通品牌的商品弃之如敝屣。当大学生无法通过正当的渠道来满足自己日益膨胀的享乐欲望时，在强大的占有冲动驱使下就会失去自控力，置道德和法律于不顾，采取违法犯罪的方式来满足自己的畸形物质欲望，这也是大学生盗窃、抢劫等侵财型犯罪案件激增的主要原因。

（四）官僚作风和谋私行为

官僚作风也在当下的高校校园中蔓延：有些学生干部缺乏服务意识，表现出当官做派和特权意识；有些学生干部以利益为先，利用手中的"职权"，在学生干部换届、评奖评优、培训发展等工作中谋私利；还有些大学生互相炫耀父母的地位和职权；等等。比如，2020 年 10 月 9 日，黑龙江职业学院六个身着西装的学生干部进宿舍查寝，气焰嚣张、作威作福之态被曝光，在网上引发热议，这六个学生被学校通报批评。

第三节　加强高校廉政建设的主要措施

高校党风廉政建设事关高校和谐发展，特别是党政建设的长效机制构建，不仅是一项长期系统性的工程，更需要加强内在规划和多方协调，完善好相关制度，落实好相关责任。新时代下，高校党委必须重视并领悟党风廉政建设的核心，全面推进高校加强党风廉政建设，未来更需要加强内部文化环境的营造，创新廉政教育手段，合理配置国家资源，才能促进高校党风廉政建设取得新成效。

一、坚持阳光治校，严把五个关口

为了预防高校领导干部腐败，必须坚持阳光治校，严把五个关口。

（一）严把领导班子决策关

认真执行党委领导下的校长负责制，完善大学章程。教育部制定了

《高校信息公开办法》《教育部关于进一步推进直属高校贯彻落实"三重一大"决策制度的意见》《教育部直属高校党员领导干部廉洁自律"十不准"》，规范领导班子决策行为、领导干部从业行为，积极推进党务公开、校务公开，促进科学民主决策。

（二）严把人事关

严把人事关要求高校进一步深化干部人事制度改革，扩大民主，促进公开，规范程序。高校需认真落实广大教职工在干部选拔任用中的知情权、参与权、选择权、监督权，积极推行公开选拔和竞争上岗，干部考核小组成员除了学校及相关部门负责同志参与外，还吸收工会、教代会代表及民主党派同志参与，保证重要人事任免科学民主。

（三）严把工程建设关

教育部制定了《关于严禁教育系统领导干部违反规定插手干预基本建设工程项目管理的若干规定》，根据治理工作中发现的问题，在广泛调研基础上，研究制定《教育部直属高校基本建设管理意见》等文件，推行基建工程项目专家评议论证制度和重大项目集体决策制度，加强对高校基建工作的监管；实施基建工程项目法人责任制、招标投标制、建设监理制和合同管理制，规范工作程序；实行公示制度、通报制度、备案制度，防范工程领域问题的发生。

（四）严把财务管理关

为了完善审计制度，加强对高校领导干部经济责任审计，教育部、财政部印发《高等学校总会计师管理办法》，要求在高校试行设立总会计师职务，加强对高校财经工作的领导和财务监管。高校应建立科学化精细化预算管理机制，加强重大项目经费使用过程审计和绩效评估。各高校积极探索对二级学院的财务监管方式，针对近年来扩大二级学院办学自主权、资金流量增大的新情况，建立健全纪检、监察、审计相结合的监督管理机制，对院系实施会计委派，统一财务核算。

（五）严把考试招生关

高校应积极回应群众关切，维护群众利益和教育公平公正。从 2005 年开始，高校全面实施考试招生"阳光工程"，提出了严格招生信息公开制度、严格考生加分资格审查、严厉惩处违纪违规行为的"三严"措施，明确了招生工作人员"六个不准"和招生工作"六个严禁"的要求，建立了严格完善的招生管理体系、公开透明的招生运行体系、坚强有力的监督保障体系和方便快捷的考生服务体系，进一步规范了招生行为。例如，北京化工大学多年来一直保持着招生工作"零投诉"，使权力在阳光下运行。

二、坚持严谨治学，加强四个建设

为了有效治理高校学术腐败，必须坚持严谨治学，加强四个建设。

（一）加强学术道德建设

1. 增强个人的思想道德素质

思想道德素质作为个人素质的灵魂，对个人成长成才及发展的影响可谓明显、直接又深远。人的世界观、人生观、价值观既与其科学文化素质密切相关，更与其思想道德素质直接相关。人的品德优劣及其行为表现如何，更多地取决于个人思想道德素质的高低。武汉大学原党委书记、原校长顾海良曾说："思想道德素质和科学文化素质具有同等重要的意义，甚至在一定的环境和条件下，思想道德素质的重要性会超过科学文化素质。"这对于开展学术研究和防治学术腐败尤为重要。因此，增强个人的思想道德素质既是强化学术道德建设的基础，又是有效防治学术腐败的关键所在。加强对思想道德的理论学习与实践修养，营造崇德尚廉的文化氛围，弘扬求真务实与追求真理的思想理念，可以直接有效地增强和提升个人的思想道德素质。

2. 加强学术规范的宣教工作

学术规范，即学术共同体大致认同、应予遵循的基本学术原则与行为准则。判断是否学术不端、学术失范或学术腐败的基本标准在于是否有科学明确的学术规范。形式丰富和系统深入宣传与教育，使从事学术的研究者和管理者等从一开始就全面正确地理解和掌握学术规范的内容与要求，对于开展和促进学术道德建设有着基础性与认知性的重要作用。同时，相应地将各种学术失范、学术不端和学术腐败的表现与危害，通过各种形式与渠道广泛深入地向学术的研究者与管理人进行宣传和警示，尤其要反复地向各层次大学生特别是本科生进行宣讲与告诫，这是加强学术规范教育与管理非常重要的组成部分。

3. 营造严谨创新的学术文化

学术文化是指学术人在发展学术的过程中形成的共同价值观、精神、行为准则及其在规章制度、行为方式和物质设施中的外在表现。作为一种高尚的价值导向与精神追求的学术文化，对于每个学术人的成长与发展而言，其作用与影响可谓直接而深远。因此，想方设法营造、巩固和传承以严谨和创新为核心理念与基本要求的学术文化，不论是对规范和强化学术人的行为，还是对促进学术人提升研究水平，乃至对积极防范学术腐败的产生与蔓延等，都有着重要的现实作用与长远的历史意义。营造和巩固严谨创新的学术文化，既要注意在学术工作的规章制度中充分体现和明确规定，又要注重在学术的研究、管理、评审、应用、推广等各项实际工作中，贯彻执行认真严谨和务实创新的基本要求与宗旨要义，并应通过广泛深入的宣传教育，使学术人自觉地接受和积极内化共同的学术文化与理念。

（二）加强学术的科学管理和法制建设

1. 改进和完善学术管理制度

改进和完善学术管理的思想应着眼于有利于开展学术研究，并非为了有利管理或便于管理而加强学术管理。换言之，应根据学术研究的基本规律而改进和完善学术管理制度，不可拔苗助长或以名利威逼诱惑学术的研究、评审、应用与推广等。学术管理制度的改进与完善应更多地听取和吸收学术研究者的意见，并在学术管理中尽量多地让学术研究者参与其中。改进和完善学术管理制度的根本在于如何更有效地保障或更好地保护学术研究者的学术权利，使其研究工作更少地受到所谓行政权力或外界名利的制约与干扰。换言之，学术管理制度的科学性与先进性应更多地体现在如何确保和引导学术人更好地安心与专注其科学研究，更多地体现在确保学术工作的公平公正、认真严谨、求是求真和务实创新。同时，应特别重视完善和严格学术研究经费的使用管理工作，及时建立健全并不断改进和认真落实既科学规范又细致可行的学术经费或科研费用管理制度，确保研究经费使用合理，不被挪用、套用、滥用与私用，不被贪污或浪费。对于违规使用学术研究经费的，一经查实务必视其性质与情节，从速从严惩处并予以公开。加强研究经费的科学管理对于防范学术腐败，往往会起到关键性的重要作用。

2. 健全和改善学术评价体制

因为学术评价往往是学术工作的关键所在，所以学术评价对于学术的研究、管理、应用与推广等有着举足轻重的影响。因此，客观准确、规范严谨、公平公正、科学合理的评审与鉴定，对于学术工作的健康持续发展既是基础性的保障，又是防范性的护卫。换言之，这也是进一步健全和改善学术评价体制的关键所在。相反，如果学术评价不能发挥出这些作用与功能，甚至歪曲丑化、打击压制优质的学术成果，纵容放任、包庇容忍劣质的、虚假的或平庸的学术成果，那么学术失范、学术不端乃至学术腐败的行为与现象必将层出不穷。为了确保学术评价能真正发挥出其对严谨务实和求是创新学术工作的保障与护卫作用，对失范不端、虚假平庸等劣质不良学术行为与现象起到重要的防范与打击作用，既要从评委数据库随机抽取学术评价专家，又必须对评委数据库的专家名单严格保密。既要实行匿名评审、多重评审、利益回避评审、评审结果多形式多途径公示、评价责任追究制等制度与做法，又要及时更新与充实权威而公正的专家进入评委数据库，并将水平不高、为人不公或工作不认真的专家淘汰出评委数据库。对于学术评价违纪的评委一经查实，既要坚决清理也要在业界通报，并且永不录用，甚至追究相应责任。对于主要以发表学术成果为己任的各种学术刊物，应从防范学术腐败的角度对之实行严格管理措施。对于纵容放任劣质的、虚假的、平庸的学术成果，或包庇容忍发表明显失范与不端的学术论文的行为，一经查实，视其严重情况，或通报批评与责令改进，或坚决取缔、彻底销号，并通报业界以警示和威慑相关人士。同时，国家应考虑对各种规范的学术刊物划拨较为充足的专项经费，以支持和鼓励其严谨科学和公平公正地刊发学术研究成果，不再靠收取所谓的版面费才得以生存和发展。对学术刊物的管理不能主要靠所谓市场经济机制，应凸显其公益性而给予相对充足的经济保障和更严格的科学管理。

3. 制定防治学术腐败的办法措施

国家要完善知识产权立法，加强对学术成果的保护和增强打击侵权行为的责任。各高校应根据国家关于治理学术腐败的法律法规与有关要求，结合自身实际相应地制定规范和加强学术管理的系列管理办法与针对性措施，并广泛宣传、严格执行和认真落实。坚持从制度上防治学术腐败，确保治理学术腐败有章可依，减少防治学术腐败的人为性与随意性，避免学术管理出现无章可依、有章不依、执章不严、因人执章的不良情况。

（三）加强学术的监督和奖惩机制建设

1. 成立学术监察治理组织机构

为防治经济腐败与政治腐败，国家专门成立并不断地健全和完善相应的组织机构，比如纪委、监察与预防腐败局等，高校也成立治理学术腐败的相应管理部门。为更有力地加大学术腐败的惩治力度、提高效率，应将学术腐败等同于贪污腐败，并成立专门监察治理学术腐败的组织机构，或者是在现有的监察与预防腐败系统里增设专门负责防治学术腐败的组织或部门，配备专职的专业工作人员，划拨专项工作经费，制定并落实专项工作方案等。比如，在高校内设的监察处或科技处（科研处）等部门，增加防治学术腐败的职能与职责，并相应配备工作人员。

2. 出台鼓励举报学术腐败措施

学术腐败之所以一再出现并不断蔓延和扩大，很重要的一个原因在于举报学术腐败者往往不但得不到应有的保护与肯定，而且还常常受到不同形式与程度的打击或报复，同时被举报为学术腐败的人一般也不会受到过重的惩处，这极大地影响和制约着广大民众或学术人主动举报学术腐败的积极性。相反，若出台有奖举报等措施，大力鼓励积极举报学术腐败行为，并将有奖举报与严格保密和及时认真地严肃惩处学术腐败者结合起来，必将成效显著地促进个人与组织、民间和官方对学术腐败的防范与治理。

3. 鼓励媒体舆论监督学术腐败

媒体舆论对公共权力与社会事务的规范运行和处理有着不可替代的重要作用，并将在今后发挥更加重要的作用。网络反腐日益受到相关反腐机构和广大群众的重视与认同，就有力地说明了新闻媒体与社会舆论对防治腐败的现实作用与重要意义。特别要强调的是许多学术腐败行为也正是通过新闻媒体和社会舆论才得以曝光及处理，在互联网和信息技术正日益广泛深入和快速地影响着群众思想与社会进步的当今时代，新闻媒体与社会舆论对建设文明和谐的新社会具有相当重要的作用。因此，从人、财、物及机制体制保障等方面，大力鼓励新闻媒体特别是现代网络媒体与社会舆论像监督经济与政治腐败一样积极监督学术腐败，既是有效惩治学术腐败的重要举措，也是加大防治学术腐败的必然措施。应广泛设置专门的媒体舆论阵地，从各个角度与层面及不同的途径与渠道监督学术的研究与管理，达到有效防范、减少学术腐败行为的目的。

（四）加强学术的外部环境建设

1. 建立健康的学术批评环境

就当前来看，批评者的缺席和沉默助长了学术腐败的流行。因此，遏制学术腐败，就要善待学术批评。学术批评的健康开展与发展，客观上来说需要一个民主的学术环境、宽松的舆论氛围；主观上来说尤其需要学术至上、求真求实、与人为善的科学态度。此外，还要建立有效的保护揭发者的措施。揭露学术腐败最合适的人选，往往是具体研究项目小组的成员，他们最了解内情，但要"挺身而出"则需要很大的勇气。美国研究诚实办公室提供了以下数字：25％的学术腐败揭露者称，他们事后在升职、加薪等方面都遭受过不同程度的损失。即使有人能够正直勇敢地站出来揭露其同行或上级的不端行为，也肯定会面临报复，而且是群体性的围攻。而机构和团体，这时大多选择沉默，因为他们也是学术腐败的既得利益者。

2. 建立并完善个人学术信用制度

我国目前已经基本建立了居民身份证管理制度，可以在此基础上，将学术信用的有关信息纳入其中，并由学术监督机构统一管理。这样就可以将缺乏学术信用的个人信息通过相应的途径公布于众，由有关部门定期对他们的综合学术信用给予评估并公示。这样一来，各种学术单位可以通过"诚信档案"来检查个人的学术信用情况。如果一个人由于缺乏诚信而进入"诚信档案"的"黑名单"，那么必将使他以后的学术生涯受到影响。同时，学术监督机构可以依据所公示的个人信用情节的轻重作出惩罚。

3. 建立一套科学的、独立的、完整的评判体系

当前很多学术腐败行为之所以最后不了了之，除了社会太过"宽容"之外，没有一套完整的评判"学术是否腐败"的体系是很重要的原因。就剽窃来说，其界定十分模糊。我国目前对于什么是剽窃，没有一个明确的界定标准。而一些国家则有明确规定，比如有的国家规定，在一篇文章中出现了6个与其他文章相同的句子就算作剽窃。在论文写作中，当然会引用一些数据和资料来说明自己的论点，但是引用多少、如何引用就算剽窃，这在我国还没有一个标准。因此，我们首先应该对学术腐败设定科学明确的标准，比如什么叫剽窃，具体的标准是什么，该如何处罚等，并通过法律法规予以明确规定。此外，打击学术腐败，应走出"自己人监督自己人、自己人查处自己人"的模式。可以建立一些全国性的学术道德监督机构，如学术委员会、学位委员会、教授委员会、学术规范（或学风建设）委员会等，完善科学不端行为监察制度，制定

公正合理的学术评审程序。同时，可以在这些全国性的学术管理机构内部或外部组建一个由各学科人品正直、处事公正的权威学者组成的学术鉴定委员会，这个委员会主要发挥学术质量的鉴定和学术纠纷的仲裁作用。这些机构和组织必须在保证民主、独立的基础上发挥作用，而不能听命于领导或行政部门。只有彻底地消除高校体制内的行政腐败，才能真正清除学术腐败。

三、坚持立德树人，抓好四个"点"

《教育部关于进一步加强和改进师德建设的意见》提出："加强和改进师德建设是全面贯彻党的教育方针的根本保证，是进一步加强和改进青少年学生思想道德建设和思想政治教育的迫切要求。教师是人类灵魂的工程师，是青少年学生成长的引路人。"对大学生而言，高校教师的思想觉悟、道德品质、知识水平等不仅影响到人才培养的质量和效果，还对学生的道德品质产生深远的影响；对高校而言，教师的职业道德同样影响着师资队伍建设的成效，影响着高校的学风、校风乃至整体社会形象，建设一支思想政治素质好、职业道德与学术作风优良、教学与科研业务精湛的教师队伍，形成良好的教风、学风和校风，对高校的长远发展具有战略意义。

（一）找准高校师德师风建设的切入点

师生关系是学校教育中一个关系到教育本质、教育效率等基本理论的重要方面。良好的师生关系是学校各项教育活动取得良好效果的保证。杜威指出，最好最深刻的道德训练，恰恰是人们在工作和思想的统一中跟别人发生适当的关系而得来的。教育中的师生双方生命主体从各自自然生命出发，经由精神生命的融合，再到他们共有的社会生命的生成，在这个过程中，教化者和受教化者双方的生命质量都会不断地得到升华和提高。西方国家在教师职业道德建设中尤其强调师生关系，认为师生关系是教师道德的核心内容。我国目前的师生关系现状难以令人满意，师生之间缺乏沟通的现象比较普遍。正因为如此，加强高校师德师风建设要以建立平等、和谐的新型师生关系为切入点，对教师而言，尤其要热爱与尊重学生。

热爱学生与尊重学生是教师最基本的道德素养，是做好教师工作的前提与关键。热爱学生，就要把学生的成长成才作为教师工作的最高目标，为学生顺利走入社会打下坚实的知识与能力基础；尊重学生，就要明确学生的主体地位，发挥学生的主体作用，就要尊重学生的人格和个性，充分理解学生、宽容学生、欣赏学生。

教师热爱和尊重学生，就要以平等的心态对待学生，一切以学生的发展为本，努力创造一种和谐的氛围，帮助学生提高学习及创新能力，实现"主体性"和"客体性"的统一，并从思想、情感、生活等方面关心学生、爱护学生、服务学生，优化师生情感关系，促进师生的共同成长和教育功能的发挥。

（二）明确高校师德师风建设的侧重点

当前，我国高校师德状况的主流是积极、健康、向上的，大多数高校教师在经济全球化的背景下能不断地传承师德，应对挑战。但是不可否认，高校师德建设中也存在着许多的问题和不足，如部分教师存在思想政治素质不高、职业价值观模糊、学术功利倾向过重、育人意识淡薄、敬业精神不强、合作精神欠缺等问题。造成这些问题的根源之一是没有处理好个人与国家、个人与集体、个人与个人之间的关系。围绕这个问题，高校师德师风建设应明确以下几个侧重点：第一，在高校教师思想道德素质的提升上，高校教师要牢固确立在中国共产党领导下走中国特色社会主义道路的共同理想和坚定信念，热爱高等教育事业；以爱国主义、集体主义、社会主义为核心，重点突出个人利益与集体利益、社会利益的合理协调，物质与精神的有机结合，奉献与索取的合理平衡；在大是大非问题上，立场坚定，旗帜鲜明，自觉规范自己的教学、学术行为。第二，在维护学校声誉上，侧重强化集体本位观念，强化个人服从组织。这里提出的"集体本位"既非"毫不利己、专门利人"的义利观，也非官僚主义或独裁，而是摒弃当前由于个人主义恶性发展而导致的师德师风建设中的种种道德异化现象。"校荣我荣，校辱我耻"，教师的个人发展离不开学校，反之，学校的发展也需要教师的推动。教师的"荣"首先应体现在珍惜学校声誉、热爱学校、尊重学校上。每位教师都要以学校利益为重，以主人翁的责任感去保护学校的无形资产。具体而言，立足本职、爱岗敬业就是维护学校声誉；注重细节、维护大局就是维护学校声誉；遵守准则、依法施教就是维护学校声誉；内强素质、外树形象就是维护学校声誉。第三，在高校教师间的人际关系上，侧重形成互相尊重、互相信任、互相关心、真诚合作的同事关系。高校人才培养的任务，不可能依靠个别教师独自完成，而是教师群体共同努力的结果，因此在人才培养的过程中要强调教师的团结协作精神。通过交流与合作，教师之间可以取长补短，相互学习，从而提高自己的业务水平。我国的师德规范建设在这一方面比较薄弱，缺乏具体的可操作性规定，在实际工作中也表现出"文人相轻"、协作意识不强等问题。

（三）加强高校师德师风建设的着力点

高校内各教学院系是加强教师师德师风建设的直接责任单位，围绕师德师风建设，应着力加强以下工作：首先，高校党政领导要齐抓共管这项工作。要明确地将师德师风建设工作同学院其他党政工作一同规划、一同部署、一同落实、一同检查，要把教师的师德师风建设工作与教师的学历职称提升工作同等对待，坚决克服师德师风建设是"软任务"、学历职称提升是"硬任务"的错误观念与做法。其次，做好师德师风建设要求的细化量化工作。目前，系统地评价高校师德水平的科学模式尚未建立，对教师的职业道德考评往往比较空泛、流于形式；在教师职业道德考核体系的设计上也存在着科学性和合理性不足的问题。因此，在评价标准上，要结合教师具体工作实际，明确其思想政治素质要求、道德修养要求、教学工作要求、科研工作要求与班主任工作要求等，尽量从师德考评的指标中分解出一部分可以量化的指标，使高校师德评价便于操作；在评价程序和方式方法上，要采取民主公开的方式。在学期开始与每一位教师签订师德师风建设目标责任书，使教师做到心中有数；在考评时积极建立自评、教师互评、学生评价和组织评价相结合的考评机制，考核结束后公布考核结果，奖优罚劣；在评价的激励机制上，落实对优秀师德教师的各项政策，营造师德高尚为荣的环境，从而使外在的师德规范变成教师的道德行为习惯。最后，定期开展师德师风建设主题教育。开展理论研讨、师德经验交流、评选、表彰师德先进标兵及邀请师德典范人物做专题报告等活动。通过学习和教育讨论，使教师认识到立业德为先、执教品为先，认识到师德与育人的密切关系，提高其加强师德建设的自觉性和积极性，培养他们的职业神圣感和使命感，并自觉确立起与建设中国特色的社会主义事业相适应的道德素质，从而把外在的规范内化为自我认知，并在教育教学实践中转化为自觉行动。

（四）把握师德师风建设的结合点

师德师风建设是一项长期的工作，是一项系统工程，不能搞单打一，不能靠短平快，要坚持几个结合：一是把加强师德师风建设与校园文化建设相结合。校园文化是一种隐性文化，每一个学校都有自己特有的校园文化。每个大学的校训，标志性建筑，甚至一草一木，都具有独特的文化个性。环境教育比思想道德灌输更具有感染力和渗透性，教师所处的环境对教师的影响不是强制性的、有形的影响，而是潜移默化的、无形的影响。这些影响使得教师在不知不觉中受到心灵的感染、情操的陶冶，使教师的思想情感发生变化，思想道德水平得到提高。校园文化会对教师产生强大感召力和凝聚力，并对他们的职业道德行为进行规范和矫正。高品位的校园文化会让身临其中的教师产生"校荣我荣"的自豪感，从而全心全意投入到教书育人工作中，为学校发展贡献力量。二是把加强师德师风建设与健全体制机制和严格管理相结合。任何道德规范在其转化为主体内在需求前，如果没有相应的外来监督因素的话，对人们行为的调节、约束就很难落到实处。高校师德规范的内容，不能仅仅停留在口头上和文件中，它必须贯彻于教育实践活动的各个环节。因此，高校师德监督要以学校监督为主，行政监督与社会监督相结合，通过设立师德督导、巡视组，建立师德监督网站等形式，让学生、教师以及社会对教师工作进行评价，对高校教师师德加以警示，建立领导、教师、家长、学生"四位一体"的师德师风建设监督网络，既加强师德师风的监管工作，营造良好的监督氛围，同时不断鼓励教师严格自律。通过建立健全约束与激励机制，造就师德师风建设自律及他律的强大合力，把高校师德建设落到实处。三是把加强师德师风建设与教学、科研、学生工作相结合。要把师德师风建设的内容有机地融入到教学、科研、学生工作之中，明确规范高校教师教育、学术、服务等工作中的道德要求，从而进一步强化高校全员育人。四是把加强师德师风建设与解决教师的实际问题相结合。师德建设一定要关注教师的工作和生活实际，为教师创造一个温馨的工作、学习和生活环境，使广大教师有用武之地，减少后顾之忧，充分发挥积极性和创造性。

四、发挥高校优势，加强大学生廉洁教育

为了防范和杜绝大学生的校园"微腐败"行为，必须发挥高校优势，加强大学生廉洁教育。

（一）高校要加强对大学生的廉洁教育

在大学教育的知识体系中包含着党和国家既定的德育目标和培养方向，学校需要通过课堂的主渠道，系统地传授政治和思想道德方面的知识，引导大学生认清腐败现象的本质和危害，树立规则意识和法律意识，引导大学生树立正确的荣辱观。大学生在接受课堂教育的同时，与社会保持着广泛的接触，接受着社会意义上的教育。因此，在德育方面，既

要重视从正面对学生进行教育，又要注意分析社会上的反面事例和现象，帮助学生进行判断。国家已经将廉洁教育纳入国民教育体系之中。对即将走上社会的大学生，高校更要注重对他们进行廉洁教育，要根据廉洁文化建设发展的要求和大学生的时代特点，积极构建大学生廉洁教育的长效机制，使廉洁教育正常化、规范化和制度化。从贴近学生、贴近生活、贴近实际的原则出发，把对大学生的廉洁教育融入教育教学和校园管理工作中，创新教育载体，实现廉洁教育理念和手段的现代化，利用微信、微博、学校网络平台等新媒体传播手段扩大教育的覆盖面，提高教育效果。

加强大学生廉洁教育，要在大学生日常生活的方方面面渗透廉洁教育，让大学生切实感受到廉洁教育要从我做起，从小事做起，自觉用严格的廉洁精神武装自己，减少不良之风对大学生的影响。同时，高校要深化大学生对廉洁的认识。高校要优化廉洁教育的教育方法，在课堂上增加廉洁教育的内容，教育方法要灵活多样。高校要开展多途径、多渠道的教育形式，增强廉洁教育的感染力和吸引力。

在廉洁教育中，高校要改变教师"一言堂"的教育方法，采用研究式教学、启发式教学、参与式教学、专题讲授、案例教学、实践教学等学生喜闻乐见的教学方式进行教学。教师要从大学生身边鲜活的案例入手，结合热点、焦点问题组织学生讨论、辩论，允许大学生在课堂上畅谈自己的看法，充分发挥大学生的主人翁意识，提高大学生自我廉洁教育的能力。

（二）构建廉洁的校园文化氛围

大学校园的育人环境深刻地影响着大学生的思想和行为，遏制校园腐败亚文化现象，必须积极营造校园清正廉洁的良好氛围，通过良好的校园环境使廉洁理念渗透到学生头脑中，从而形成"以廉为荣，以腐为耻"的思想意识。第一，党政各部门、工会、共青团等，要加强沟通、密切配合，形成共同推进社会主义核心价值观培育和践行的良好局面，以社会主义核心价值体系引领同学们的思想。将廉洁文化视为校园文化的重要组成部分，通过丰富的文化活动，使学生受到感染，形成廉洁思维和行为习惯。第二，深化师德建设，充分发挥教师的引导示范作用，学校各级领导干部和广大教职工应廉洁自律，加强师德建设，将师德表现作为教师考核、聘任和评价的首要内容，引导广大教师"学为人师，行为世范"，做学生健康成长的指导者和引路人。第三，要大力推进校务公开，凡是涉及教职工和学生切身利益的事项都要公开，使学生在公开、民主的治校氛围中培养规则意识。第四，学校要拓宽监督渠道，使大学生参与到学校的管理中，参与监督，提升对反腐败工作的认识，从而自觉遏制腐败亚文化思想的产生。第五，要努力营造廉洁自律的校风，确保校园文化建设的正确方向。高校要做好廉洁教育的宣传工作，通过宣传板、板报、新闻、广播、文艺活动等多种多样的宣传活动弘扬廉洁，以正确的言论引导大学生，以典型的案例感染教育大学生，引导大学生从案例中认识到腐败的危害，能看清自己周边的"微腐败"现象，共同抵制和监督腐败行为，让腐败之风在校园内无立足之处，形成廉洁自律的好风气。第六，要使网络成为廉洁教育的新阵地。高校要建立一支政治素质强，能熟练、灵活运用各种新媒体手段的思想政治工作者队伍。

高校要加强对学生网络平台的监管，对新媒体的虚拟性带来的不良、不实信息传播进行监督、规范，净化廉洁教育的传播环境。

（三）高校要加强对校园内"微腐败"行为的奖惩措施

针对学生的"微腐败"行为，高校要制定相应的惩罚条例和措施，如考试作弊取消学位，大学生干部以权谋私的撤销职务并取消其评先评优、入党的资格。同时，要善于以身边的人教育身边的人，要树立一些廉洁方面的典型。如为了班级和同学甘愿奉献的好班长；把奖助学金让给别人，用自己勤工俭学的钱交学费、做慈善的励志贫困大学生；在创业上取得成绩宣传自己所在高校的大学生。要对这些学生进行奖励，弘扬他们身上的正能量。

（四）加强社会主义核心价值观教育，帮助大学生建立正确的价值观

社会主义核心价值观能够引导和规范人们的价值观和行为，高校要充分认识到价值观教育在大学生廉洁教育中的重要作用，切实将大学生的价值观提高到一个相当的高度，引导大学生价值观健康发展。社会主义核心价值观可以帮助大学生树立正确的价值取向，从而正确地对待权力、地位、金钱，学会理性地面对各种诱惑，增强大学生拒腐防变的能力。

（五）发挥实践体验的作用，养成廉洁自觉行为习惯

将学习教育与生活实际有机结合起来，在生活中获取实践体验，是教育的一条重要途径。通过开展主题活动，学生可以在参与中得到廉洁

体验。根据学生的特点，结合党团活动，分层设计、组织开展各类主题教育活动。如"毕业生诚信还贷"签名活动、"诚信考试"宣誓活动等。利用学生生活中经常发生的一些事情，不失时机、有针对性地进行教育、培养和引导。如针对有些学生集体观念不强、有自私倾向的问题，引导学生做一个公而忘私的人；利用学生干部竞选之机，引导学生正确看待权力，培养学生的服务意识和监督意识；针对同学中的浪费、攀比现象，引导学生做一个节俭自律的人。通过直接体验，以浅显的事例和生动的形式，将学生的道德认识内化为道德信念，外化为道德行为，从而达到教育的目的。

思考练习

    1. 简述高校廉政建设的重要意义和紧迫性。

    2. 举例说明高校廉政建设存在的主要问题。

    3. 简述高校反腐败的主要措施。

第四章

大学生廉洁品质的培育和提升

学习目标

1. 把握大学生廉洁品质的内涵及特征；

2. 了解把握大学生廉洁品质培育的意义；

3. 熟悉大学生廉洁品质培育的路径。

案例导入

这群大学生写了一本清廉家风家训故事集

一本清廉家风家训故事集，在宁波工程学院流传，感动了很多大学生。创作这本故事集的人，是该校人文与艺术学院学生第一党支部的 31 位党员、41 位入党积极分子，他们共同完成了 72 个家族的清廉家风家训故事采访，故事集共 11 万字。

"开展大学生廉洁教育是我们支部的党建特色品牌活动。"支部书记杨建生介绍说。学院开展了清廉文化月活动，因为恰逢春节，他要求支部党员和入党积极分子利用走亲访友的机会，采访家族中的长辈，记录与清廉相关的家风家训故事。

接到这份特殊的作业，不少同学犯难了，"家族长辈都很普通，感觉没什么可讲述的"。可是，在采访的过程中，不少同学突然好像挖掘出了尘封已久的宝藏，采访和写作过程变得妙不可言。家风是最无痕的教育。支部成员在分享交流清廉家风家训故事时感慨道，"我们一定要把家族的清廉家风传承好，让它成为传家宝"。

案例思考：

大学生廉洁品质的培育和提升，需要大学生的亲自参与。这种编写廉洁家风家训故事集的方式就很独特，也很感人，取得了非常好的效果。那么，作为大学生，应该在哪些方面培育和提升大学生的廉洁品质呢？

第一节　大学生廉洁品质

党的二十大报告强调："加强新时代廉洁文化建设，教育引导广大党员、干部增强不想腐的自觉，清清白白做人、干干净净做事，使严厉惩治、规范权力、教育引导紧密结合、协调联动，不断取得更多制度性成果和更大治理效能。"高校肩负着立德树人的根本任务，应整合校内外资源厚植廉洁文化根基，教育引导青年大学生在思想上正本清源、固本培元，把崇德尚廉、持廉守正、克己奉公的种子扎根到内心深处，筑牢思想道德防线，坚定理想信念，切实用党的创新理论推进廉洁文化建设，培育廉洁品质。

一、大学生廉洁品质的内涵

廉洁品质是指一个人在道德上保持清白正直，不谋取私利，坚守诚信和公正的品质。这种品质在个人和社会层面都具有重要意义，它不仅是个人品德的体现，也是社会公正和稳定的基石。廉洁品质是中华民族传统美德，是政府部门或者企事业单位工作人员必须具备的品质，廉洁品质包含了廉政内涵，但同时也包含着为人正直清白、光明磊落、不贪小利、不被世俗恶行玷污的德行与操守，是一种持身中正、坚守做人底线的品质。大学生未来不论身处任何行业、职业、岗位，都应奉行廉洁守则，具备廉洁风范。在学校开展学生廉洁品质培育工作，一方面要让学生了解党和国家廉政方面的政策和工作内容，另一方面要促进学生形成廉洁方面的职业道德素养。

二、大学生廉洁品质的特点

廉洁品质具有自律性、动态性、预防性的特点。自律性是指在开展廉洁品质教育后，关键还在于学生能否从根本上认识到廉洁的重要性，并形成内在道德品质，将廉洁作为自己的行为准则，划好行为底线，实现自我控制和自我管理。动态性是指在一些外在因素的影响下，廉洁品质可能呈现动态变化趋势，尤其需要大学生加强自律管理，同时配合外部教育，双管齐下，避免思想遭受腐蚀。预防性是指在形成廉洁品质之后，可以帮助学生打好个人道德素养的基础，防范和抵御各类思想风险。

三、大学生廉洁品质培育的意义

（一）落实"三全育人"工作，提高德育效果

大学生廉洁品质方面的培育对于落实新时期"三全育人"工作具有重要意义，有助于提高德育效果。"产教融合"过程中，学校和企业都应发挥积极作用，这样符合全员育人、全程育人、全方位育人的要求。廉洁教育作为德育的一部分，有助于完善学生人格，帮助学生树立正确的价值观，是培育全面发展的人的重要方面，为大学生思想政治教育工作的开展打开了新的视角。大学生是国家各行各业发展的储备力量，未来可能成为企事业单位、政府部门的优秀工作者、管理者，在大学阶段就开展好廉洁品质教育可以为学生步入社会打下良好基础。

（二）提高大学生法治意识，杜绝违法犯罪

大学生廉洁品质方面的培育还有助于提高学生的法治意识。目前大学生法治教育所占的课时比例仍然较少，廉洁教育更要跟上步伐，补充思想政治教学中法治方面的内容，让学生端正思想和态度，形成廉洁底线，避免误入歧途。在"产教融合"的过程中开展廉洁教育，更能够让学生联系自身专业，结合自身未来发展情况进行思考，对可能出现的廉洁风险进行分析，提前打好"预防针"。

（三）提高学生职业道德，提升综合素养

大学生应树立远大的抱负，坚定理想信念，在工作中形成正派的行事作风，成为德才兼备的高素质"工匠型"人才。在"产教融合"背景

下，提高学生的职业道德十分必要，廉洁应是学生职业道德中的重要方面，是学生职业素养中的一部分。任何单位所需要的人才，都是具备廉洁品质的人才，只是廉洁品质往往不纳入考核，导致学生忽视了廉洁品质的培养。虽然刚刚入职的学生在工作中很难发挥出廉洁品质的优势，但是随着时间的推移，具备廉洁品质的学生往往能够有更好的发展。

（四）激发学生劳动意识，勤奋开展工作

大学生廉洁品质的培育还有助于激发学生的劳动意识，促使学生端正思想态度，从根本上杜绝不劳而获的思想，通过不断提高自身的专业技术能力，勤奋工作，在发挥个人能力的同时获取应得的酬劳。有能力的学生还可以发挥创新意识和创造精神，通过创业来解决就业问题。

第二节　廉洁品质培育的路径

一、健全教育机制，完善廉洁品质培育体系

高校应健全教育机制，为学生提供完善的廉洁品质培育体系，具体可以通过以下三个方面展开。

（一）加强组织领导，完善顶层设计

高校应加强廉洁教育方面的组织领导，从思想政治教育的顶层设计入手，将廉洁品质教育纳入思想政治教育体系，使其作为德育和法治教育的重要组成部分。在开展相应组织工作时，由高校党委牵头，高校思

想政治理论课程教师组建团队，开展教学内容的资源拓展工作，将廉洁教育融入思想政治教育课程。在新时期课程思政教育背景下，廉洁教育还应贯穿于各门课程的教学中，各科任课教师应选择合适时机开展廉洁教育，以发挥立德树人的教育作用。而且学校其他部门也要对开展廉洁教育给予支持。高校各班辅导员还需要将廉洁教育贯穿至学生日常教育工作中。

（二）丰富培育内容，设计校本教材

高校还有必要丰富廉洁教育方面的相关内容。为了让廉洁教育落到实处，高校可以组织教师开展校本教材的研究和编写工作。校本教材的内容应符合当下时代和政策发展的要求，应用一些最新的案例资源，每年可以由校本教材编写组的教师对其中的一些内容进行更新，确保每届学生所使用的教材内容都是最新的。

（三）建立保障机制，构建良好氛围

高校还有必要为开展廉洁品质教育建立保障机制。比如，加强相关教师的培训，提高教师在廉洁品质教育方面的能力；提倡校园"三廉"文化，即干部廉政、教师廉教、学生廉学，杜绝教师收受学生或家长礼品的现象，确保校园内形成廉洁氛围。

二、融合案例教育，设计情境培育廉洁品质

教师可应用案例教育的方式，通过设计情境，构建沉浸式的学习氛围，帮助学生培育廉洁品质。具体来看，可以通过以下流程来达成廉洁

品质的案例教学目标。

（一）合理选择教学案例

在开展廉洁教育的过程中，案例教育的效果比单纯的理论说教要好得多。基于"产教融合"的背景来看，即便学校为开展廉洁教育提供了校本教材，但是根据各个专业的不同，教师在开展廉洁教育时，还应有意识地选择一些与学生本专业相关的教育案例，以让学生形成更为深刻的学习认知，对其未来就业形成直接的指导作用。

（二）设置廉洁教育情境

在应用案例教学时，学生难以身临其境，可能对于案例中的内容理解不到位，或者是对其中问题的严重性认识不足，难以起到良好的教育作用。因此，教师可以尝试在开展案例教学的过程中，设置廉洁教育情境，让学生在相应情境中进行思考，从而获得更为深刻的学习认知。比如，关于如何"持身守正"的问题，学生没有真正经历过相应的情境、没有真正在相应的工作岗位中进行过实践，很难解读出案例中的内涵。教师可以假设学生为"技术组长"，设计廉洁教育的情境，为学生所"担任"的"技术组长"设计一些人为的"障碍"，让学生来作出准确的判断。

（三）组织学生互动讨论

在开展案例教学的过程中，教师还可以组织学生以小组的形式开展互动讨论，让学生思考遇到廉洁品质考验的情境时应怎么办，如果发现领导或者同事出现廉洁品质方面的问题是应该隐瞒还是上报。教师可以将此类现实问题摆在学生面前，让学生通过讨论的方式得出科学合理的结论，从而提高学生的职业道德素养和灵活处理问题的能力。

三、探索项目模式，理实结合培育廉洁品质

（一）开办廉洁品质教育专题讲座

高校在面向学生开展廉洁品质教育时，可以采用项目教学模式，其中开办廉洁品质教育专题讲座的方式有较好的教育效果，专题讲座可以随机、适时展开，而且可以分为不同专业的场次，以充分发挥廉洁思想教育的效果。

（二）组织学生开展行业廉洁品质专项调研

教师可以组织学生开展行业廉洁品质的调研，将学生划分为多个调研小组，由学生自己开展相应的调研工作，学生可以与本专业相关的企业进行沟通，在企业中开展调研获取一手资料，之后每个小组需要进行调研总结，并提交调研报告。教师还可以拿出专门的时间，让各个小组进行调研总结汇报工作，增强学生之间的互动交流，让学生对于未来所从事的行业及相关岗位需要的廉洁品质有更为明确的认知，从而激发自身学习潜力，提前形成相应的廉洁品质，为未来就业打下基础。

（三）实训中设置廉洁品质培育专项活动

在高校组织学生开展专业实训的过程中，还可以同步组织开展廉洁

品质培育的专项活动，教师可以设计廉洁品质培育的主题，并设计不同的任务选项，让学生选择 1~2 项，并完成相应的任务。该任务的完成情况将纳入学生的实训考核，以促使学生积极参与。

四、开发教育载体，充分发挥企业平台作用

（一）校企合作，开展廉洁标兵培养

高校有必要进一步开发企业这一教育载体，充分发挥企业平台的作用。在企业接收学校学生到岗实习的同时，由企业负责廉洁品质的培养。比如在企业内部开展相应的宣讲工作，开展廉洁标兵的评选，可以给有良好廉洁品质的学生发放"廉洁标兵"奖章，从精神上鼓励学生形成廉洁品质。

（二）改进考核机制，加强廉洁监督

高校合作企业还应改进对学生的考核机制，在对学生职业道德素养及能力评价时，融入廉洁品质这一项。在学生参与实习的过程中，企业还应加强对学生廉洁品质的监督，开展对学生日常工作中廉洁品质的评价，如果学生这一项不达标，则无法录用该生。

（三）应用学徒模式，发挥兼职导师教育作用

高校可以与企业共建学徒模式，由企业提供兼职导师，主要负责学生的实习带教工作。兼职导师是企业中的高素质、高水平专业人才，可以在实习带教过程中指导学生奉行廉洁品质，并开展思想和行为导向教

育。让学生在潜移默化中了解岗位工作的各项要求，特别是廉洁方面的要求，从而在工作中奉公守法，形成良好的廉洁品质。

❝ 思考练习

1. 简述大学生廉洁品质的内涵。

2. 大学生廉洁品质培育路径有哪些？

第五章

大学生廉洁教育的实施体系

1. 了解大学生廉洁教育的实施途径；

2. 掌握大学生廉洁教育的实施方法；

3. 熟悉大学生廉洁教育系统工程各要素之间的密切联系。

毕业前的廉洁教育

为进一步提高毕业生党员党性修养，引导毕业生党员牢记入党初心，坚定理想信念，恪守廉洁底线，2021 年 5 月 23 日，中国石油大学（华东）化学化工学院举行 2021 届毕业生党员出征仪式暨廉洁从业教育活动。学校纪委监察处李健老师以"廉洁守初心，护航人生路"为题面向全体毕业生党员开展了廉洁从业教育。他从"腐败离我们有多远？""什么是腐败？""什么是廉洁？""当前反腐的形势是怎样的？""作为青年毕业生，如何保持清正廉洁？"五个方面展开，通过丰富的案例解析引导大家要时刻警惕腐败、自觉抵制腐败。他强调，

"青年一定要扣好价值取向的第一粒扣子，青年是国家、民族和未来的希望，青年应当把好人生的'总开关'，而廉洁是一生的财富"。他希望所有毕业生党员都能依规依纪用权，时刻心存敬畏，时刻严以修身，保持廉洁定力，立大志、明大德、成大才、担大任。

案例思考：

毕业前的廉洁从业教育是实施大学生廉洁教育的重要环节，除此之外，大学还可以采取哪些方法和途径开展大学生廉洁教育呢？

第一节　大学生廉洁教育与思政教育的有机结合

2019 年 3 月，习近平总书记在学校思想政治理论课教师座谈会上强调："青少年阶段是人生的'拔节孕穗期'，最需要精心引导和栽培。"要让大学生顺利地"拔节孕穗"、成长成才，必然要扣好"廉洁"的扣子。思想政治教育是培养学生思想观念、政治素质、道德规范和行为习惯的主渠道。廉洁教育在增强大学生廉洁意识、形成廉洁价值观和提高拒腐防变能力等方面具有不可替代的作用。将廉洁教育和思想政治教育有机融合起来，既能够在廉洁教育中强化思想政治教育，也能够在思想政治教育中强化廉洁教育，具有双重强化和互相渗透提升的作用。廉洁教育是思想政治教育的应有之义，廉洁教育有利于丰富思想政治教育的内容、拓宽思想政治教育的路径、增强思想政治教育的针对性、提升思想政治教育的亲和力。

一、大学生廉洁教育与思政教育有机结合的必要性

（一）丰富思政教育内容

长期以来，我国高校的思想政治教育以"两课"为主阵地，"两课"是指马克思主义理论课和思想政治教育课。新版的教材包括《思想道德修养与法律基础》《毛泽东思想和中国特色社会主义理论体系概论》《马克思主义基本原理概论》《中国近现代史纲要》和《形势与政策》等。虽然我们说廉洁教育是思想政治教育的重要组成部分，但是每门课程均没有关于廉洁教育的章节，廉洁教育经常被忽视。因此，在思想政治教育特别是在"两课"教学中有机融合廉洁教育，可以丰富思想政治教育的内容和方法。

（二）拓宽思政教育路径

高校思想政治教育是理论性很强的学科，"两课"被认为是最难教的课程，很多教师不知如何优化思想政治教育实践课，导致"两课"的吸引力不强、教学效果不佳。如果融合廉洁教育，通过组织学生参观廉政教育基地或到社区、企业宣传反腐倡廉政策等，必将有效拓宽思想政治教育的路径和载体。

（三）增强思政教育针对性

当前在大学生群体中还存在理想信念模糊、价值取向扭曲等思想问题，出现考试作弊、学术不端等违纪行为，说明了高校的思想政治教育效果还不够理想。通过融合廉洁教育，培养大学生的廉洁意识、诚信意

识、廉洁价值等，必将有助于解决大学生的违纪违法行为，从而增强思想政治教育的针对性、实效性。

（四）提升思政教育亲和力

2016 年 12 月，习近平总书记在全国高校思想政治工作会议上强调指出："要用好课堂教学这个主渠道，思想政治理论课要坚持在改进中加强，提升思想政治教育亲和力和针对性。"在"马克思主义基本原理概论"教学中，引导学生深入剖析腐败产生的政治、经济和思想根源，在"形势与政策"教学中，融入新时代反腐倡廉的形势任务、进展成效等内容，在"思想道德修养与法律基础"中，大力弘扬传统廉洁文化，学习身边的勤廉榜样，分析腐败典型案例，参加廉洁教育实践活动等，使学生在可知、可感、能学的氛围中自觉增强廉洁意识，积极树立廉洁价值观，努力提高拒腐防变能力，如此方能提升思想政治教育的亲和力、吸引力。

二、大学生廉洁教育与思政教育有机结合的可行性

（一）目标的相关性

习近平总书记在党的二十大报告中强调，"当代中国青年生逢其时，施展才干的舞台无比广阔，实现梦想的前景无比光明"，殷切寄语广大青年"立志做有理想、敢担当、能吃苦、肯奋斗的新时代好青年"。习近平总书记在全国高校思想政治工作会议上发表的重要讲话中指出："要坚持把立德树人作为中心环节，把思想政治工作贯穿教育教学全过程，实

现全程育人、全方位育人。"[①] 廉洁教育的目标是增强大学生的廉洁意识，帮助大学生树立正确的廉洁价值观和提高大学生拒腐防变的能力。两者在教育目标取向上具有相关性，为廉洁教育和思想政治教育有机融合提供了可能。

（二）内容的关联性

思想政治教育的主要内容：国家在受教育者中进行爱国主义、集体主义、社会主义的教育，进行理想、道德、纪律、法制、国防和民族团结的教育。廉洁教育就是要使大学生不断增强廉洁意识，树立正确的廉洁价值观和提高拒腐防变的能力。可见，两者在内容体系上具有关联性。

（三）方法的相似性

高校思想政治教育的主要方法有：理论教育法、疏导教育法、比较教育法、典型教育法、自我教育法、激励教育法、咨询辅导法、实践锻炼法等。廉洁教育的基本方法有：理论灌输法、实践锻炼法、警示教育法、榜样示范法、自我教育法、心理辅导法等。两者都是通过课堂教学和社会实践来达到教育目的。从两者的教育目标相关性和教育内容关联性来看，甚至可以说，廉洁教育是思想政治教育的有效途径，因此，所采用的方法具有相似性。

---

① 习近平：《论党的宣传思想工作》，中央文献出版社 2020 年版，第 275 页。

三、大学生廉洁教育与思政教育有机结合的实施路径

（一）贯穿思政教育的全过程、全方位

思想政治教育是高校立德树人的核心环节，在"三全育人"大背景下，面对个性鲜明的新时代大学生，思想政治教育路径必须多元化，高校应以廉洁教育作为载体，创新思想政治教育模式，多渠道、全方位开展廉洁教育。一是充分利用新生入学教育环节融合开展廉洁教育和思想政治教育。如在开学典礼、军训时强调廉洁纪律和诚实守信，让廉洁和诚信思想"先入为主"，使学生肯定廉洁和诚信是个人成长成才的必要条件，主动树立廉洁和诚信意识。二是充分利用在校时间持续加强廉洁教育。安排必要的廉洁教育课程，定期开展廉洁教育实践活动，如组织开展以廉洁为主题的演讲、书画、辩论等比赛活动，或组建廉洁教育社团进行廉洁教育宣传，在丰富大学生活的同时营造风清气正的校园文化，使廉洁文化成为校园文化的主流。三是充分利用毕业环节深化思想政治教育。在实习、求职、毕业典礼等关键节点加强廉洁教育，如开展廉洁实习主题班会、诚信就业座谈会等，为学生在未来的工作岗位上崇尚廉洁、敬畏廉洁、践行廉洁奠定坚实的思想基础。在"两课"教学中，坚持渗透马克思主义廉洁观，使学生树立正确的廉洁价值观。

（二）拓展自我廉洁教育的途径与方法

实现自我教育是廉洁教育的最高目标，通过创新廉洁教育的内容和形式，可以拓展大学生自我廉洁教育的途径和方法。为了解决廉洁教育内容和形式的单一化问题，高校应不断创新廉洁教育类型，如廉洁主题

征文比赛、廉洁文化宣传、拒腐防变座谈等活动。通过廉洁主题征文比赛，可以建构学生的自我廉洁认知；通过参与廉洁文化宣传，可以建构自我廉洁价值观；通过拒腐防变座谈，可以帮助学生学会如何明辨是非、分清廉耻，学会如何拒绝腐败、抵制腐败，防止"被围猎"，提高自我拒腐防变能力。

（三）发挥榜样的示范引领作用

高校通过开展"身边的勤廉榜样"评选、"勤廉榜样进校园"活动，弘扬新风尚，传递正能量。如百色学院开展的年度"身边榜样"评选活动，通过班级推荐、微信平台投票等环节，让学生参与其中，使他们亲身感受榜样的力量，从而见贤思齐、向上向善，形成清正廉洁的良好风尚；通过邀请校外勤廉榜样走进思政校园，或举办"勤廉榜样面对面"报告会等，让学生可知、易感、能学，进而引导他们崇敬榜样、学习榜样、争做榜样、赶超榜样，让廉洁精神成为大学生成长成才的精神动力。

（四）培育廉洁观的理论思维

要深刻理解廉洁的作用和价值，就要把握马克思主义的经典理论，以正本清源。回归文本，回归廉政经典解读，使大学生理解何为马克思主义廉政思想，找到廉洁教育的理论渊源，厘清党和国家在不同历史时期的廉政思想。如在"马克思主义基本原理概论"的教学中，运用马克思主义基本原理来解读廉政经典，就可以让学生既知其然，又知其所以然，让学生领略到马克思主义的理论深度和思维高度，从而树立具有系统理论思维的廉洁价值观。

在经典解读中，要坚持以习近平新时代中国特色社会主义思想为指导，深刻理解廉洁的时代价值，通过解读习近平总书记关于党风廉政建设和反腐败斗争的重要论述，深刻体会我国反腐倡廉思想的传承与创新，在廉政理论的发展脉络中，不断深化对廉洁教育的理解。

（五）搭建廉洁教育新平台

习近平总书记在全国高校思想政治工作会议上强调："要运用新媒体新技术使工作活起来，推动思想政治工作传统优势同信息技术高度融合，增强时代感和吸引力。"高校要借助新媒体新技术优势，探索将"四个课堂"（理论教学、校内活动、校外实践、网络空间）进行无缝对接，构建廉洁教育与思想政治教育全方位融合的有效机制。运用网络平台、大数据中心、高校易班等资源平台和邮件、微信等交流平台，围绕廉洁价值观、反腐倡廉、勤廉榜样事迹等反映出来的热点、难点、疑点共同探讨、研究和实践，为学生搭建理解廉洁理论思想和践行廉洁行为规范的教学、研究、实践"三位一体"教育平台，实现从理论认知和课堂解读到自我教育的有效转化。

利用新媒体新技术，推出廉洁教育和思想政治教育相结合的微信公众号，向学生推送弘扬廉洁精神的好文好书，报道勤廉榜样的新闻，宣传廉洁教育相关课程或讲座信息等，全方位实现师生的线上线下互动，使学生主动传播廉洁精神，打造立体化的育人新格局。

第二节　大学生廉洁教育与专业教育的有机结合

2016 年 12 月，习近平总书记在全国高校思想政治工作会议上对专业教育的"育人"功能提出了更高要求，强调指出，要用好课堂教学这个主渠道，思想政治理论课要坚持在改进中加强，其他各门课都要守好一段渠、种好责任田，使各类课程与思想政治理论课同向同行，形成协同效应。怎样在专业教育中融合廉洁教育，发挥"课程思政"作用，实现"课程育廉"目标，是高校立德树人需要面对的现实问题。

一、大学生廉洁教育与专业教育有机结合的内在逻辑

廉洁教育与专业教育都是围绕"培养什么样的人、如何培养人以及为谁培养人"这个根本任务展开的。具体来说，就是培养德智体美劳全面发展的社会主义建设者和接班人。廉洁教育重在培养大学生的廉洁意识、廉洁价值观和拒腐防变能力，体现"德"的要求；专业教育重在培养大学生的专业知识、专业技能和专业精神，体现"才"的规格。培养德才兼备的时代新人是高校立德树人的终极目标，融合了廉洁教育的专业教育，可以为自身提供明确的价值引导，正所谓"才者，德之资也；德者，才之帅也"。德才兼备、以德为先，廉洁教育与专业教育的同向同行，能够更加有效地促进铸魂育人。

廉洁教育能够强化专业教育的道德引领和精神塑造，塑造和培育大学生的专业精神、职业廉洁意识；专业教育能够提高廉洁教育的实践性和针对性，推动提高大学生的廉洁意识、廉洁道德素养。从"课程思政"的角度来看，专业教育课程要立足于专业谈思政，在专业知识和专业技

能的传授过程中，挖掘蕴含其中的思政和德育元素，或者在专业教育活动中融入思政和德育元素，以达到专业育人之目的。廉洁教育是思政教育和德育的重要内容，在专业教育中挖掘或融入廉洁教育元素，必然会提高专业课程的"含金量"和"温度"，更有利于发挥专业的育人功能。对廉洁教育来说，以专业教育为载体，把廉洁教育元素融入专业课程当中，不仅能够拓展廉洁教育的途径，而且能够提升廉洁教育的效果。两者之间显性与隐性互补，实现"道"和"器"的协同效应。

二、大学生廉洁教育与专业教育有机结合的基本思路

（一）做好顶层设计

进入新时代，"课程育人"成为"三全育人"的核心环节，而"课程思政"又是"课程育人"的关键所在。高校党委肩负着立德树人的主体责任，首要任务是做好"课程思政"的顶层设计，制定切实可行的"课程思政"领导机制、运行机制、评价机制和激励机制，为"课程思政"发挥实效提供制度保障。培育大学生的廉洁素养，是高校铸魂育人的重要目标。基于此，要把"课程育廉"作为"课程思政"的重要内容，通过"课程思政"实现"课程育廉"目标。

（二）提高理念技能

廉洁教育要有机融合专业教育，必然要通过"课程思政"来实现，而"课程思政"要靠专业教育的主体即专业课教师来推动。但长期以来，思政教育与专业教育"两张皮"的现象仍然存在，专业课教师认为思想

政治教育是"两课"教师的任务。"课程思政"作为新型的教育理念和教学模式，对专业课教师来说，难免会产生距离感或不适应，这就需要通过培训、宣讲、示范课、比赛课等方式，来强化提高专业课教师的"课程思政"理念和技能，让他们理解何为"课程思政"、为何推行"课程思政"以及如何实施"课程思政"等核心内容，使他们充分认识"课程思政"的必要性和可行性，引导他们在遵循教学规律和确保课程特色的基础上，创新融合思想政治教育理念，达到"课程育廉"效果。

（三）遵循发展规律

新时代的大学生视野开阔、个性鲜明、崇尚自由、追求自主，廉洁教育就应遵循他们的成长发展规律，优化融合廉洁的理论知识点，切不可为了完成"课程思政"的任务而断章取义、生搬硬套，要准确找到融入点、契合点，使其相得益彰、珠联璧合。必须坚持以马克思主义廉洁观为指导，科学设置教学环节，创新融合廉洁教育内容和方法，以学生喜欢的、乐于接受的方式开展。

三、大学生廉洁教育与专业教育有机结合的实施路径

高校在制定或修改人才培养方案时，要根据各专业特点，有效融合廉洁教育要素，使人才培养方案真正体现育人品质。既要紧密结合经济社会发展需要和学生实际需求优化课程组合、培养环节和教学内容，又要不折不扣落实立德树人的根本任务和要求。通过增设专业思政环节或增加"课程思政"课时，把廉洁教育要素融入其中，如举办专业廉洁讲座或开设课程"微思政"，让学生始终牢记毕业后从事专业相关工作，必

须遵守哪些专业纪律、具备什么职业道德。

在"师德高"方面，要以"廉洁从教"为基本要求。"身教"重于"言传"，这是教育的永恒真理，特别是对大学生进行廉洁教育时，教师要发挥示范引领作用。因此，要加强师德师风建设。在"师能强"方面，要以"教书育人"为基本要求，既能够教好专业知识和技能，又能够在专业课程的教学中挖掘或融入廉洁教育元素，教会学生做人，做廉洁诚信的人。专业课教师既要教书，更要育人，要做"大先生"，不做"教书匠"。

专业课教学是学生接受教育的主渠道，廉洁教育要充分利用好这个主渠道，将廉洁理论、廉洁知识、廉洁精神等廉洁教育元素融入专业课的教学当中，为学生提供丰富的廉洁营养"套餐"。在专业课的教学过程中，巧妙挖掘或灵活融入廉洁教育元素，不仅使课程教学变得更加丰满、更有灵性，而且充分体现了专业课教师高超的教学艺术，专业教育也因此更具亲和力与吸引力。专业课教学融合廉洁教育，不仅限于将廉洁教育元素融入课程教学内容中，也可以结合专业教育特点，通过讨论、案例、模拟、项目等方式来融合廉洁教育元素。

专业教育的整个过程有很多关键节点，如新生入学教育、课程考试、专业见习实习、毕业论文（设计）等，都是学生专业成长的关键节点。高校应把握好廉洁教育融合的时机，如在新生入学教育中重点加强诚信教育；在课程考试中加强作弊防治工作，确保学生诚信考试；在专业见习实习中，强调学生要严格遵守见习实习单位的工作纪律，做到遵纪守法、勤廉工作；对毕业论文（设计）、课程论文、实验报告等加大查重力度，并严肃处理违纪行为。让学生深切感受到廉洁纪律无处不在，做到警钟长鸣，从而不断提高他们的法纪意识，树立正确的廉洁价值观。

当今时代是信息化时代，信息技术已经广泛应用于教育领域，极大地拓展了高等教育的时空。在线教育、手机课堂、翻转课堂、慕课平台等新兴教育模式的普及推广，为在专业教育中融合廉洁教育提供了可能。在通过亲身体验、模拟仿真、人工智能等方式开展专业教育的同时，创新融合廉洁教育元素，既能够增强廉洁教育与专业教育的互动性、协同性，也能够提升两种教育融合的趣味性、吸引力。现代信息技术的高度发展，使知识的获取和思想的交流变得碎片化，如何通过组织化教学塑造价值，需要我们予以回应，以技术赋能融合廉洁教育，是信息化时代课堂教学育人功能的价值再造。

第三节　大学生廉洁教育与社会实践的有机结合

2019年3月，习近平总书记在学校思想政治理论课教师座谈会上强调指出："要坚持理论性和实践性相统一，用科学理论培养人，重视思政课的实践性，把思政小课堂同社会大课堂结合起来，教育引导学生立鸿鹄志，做奋斗者。"习近平总书记的重要讲话精神为大学生廉洁教育与社会实践的有机结合指明了方向。

一、大学生廉洁教育与社会实践有机结合的意义

（一）认识世界的重要方式

坚持教育与生产实践相结合是我国教育方针的重要内容。社会实践

强调的是对知识的应用和发展，实践过程就是对思想和理论的验证。新时代的大学生以大学校园为主要的物质生活空间，网络生活成为他们精神生活的主场，但网络的虚拟性、跨越性等特征导致很多大学生对校外的现实社会显得日益难以适从。基于此，高校应不断拓展大学生的社会实践活动空间，丰富社会实践活动形式，让他们能够更直接地体悟世界、认识世界和改造世界。从廉洁教育和社会实践融合的角度来看，大学生只有参与到反腐倡廉的社会实践中，才能真正了解我国当前反腐倡廉建设的形势和任务，了解党风廉政建设和反腐败斗争取得的伟大成就，了解广大老百姓对反腐倡廉的满意度和期待。也只有亲身参与反腐倡廉的社会实践活动，他们才能够不断增强廉洁自律意识，形成正确的廉洁价值观和提高拒腐防变能力。当然，大学生也可以通过互联网了解相关信息，但"实践是检验真理的唯一标准"，网络永远也无法取代社会实践的体验性和真实性。通过实践育人，让大学生在亲身参与活动中认识社会、了解国情、关注民生，在增长才干中磨炼意志，在磨炼意志中坚定廉洁信念，进而形成崇尚廉洁、坚守廉洁、践行廉洁的真挚感情。

（二）道德引领的有效途径

大学生的社会实践活动不是盲目的实践活动，而是要围绕立德这个根本任务来开展，是有目的、有计划、有组织的社会实践活动，这就需要在实践活动中加强思想政治引领。作为思想政治教育重要组成部分的廉洁教育，当有机融合到社会实践活动中时，就能够对实践活动发挥道德引领和精神塑造的作用，使大学生在社会实践活动中自觉做到廉洁自律，共同维护廉洁纪律。社会实践活动是高校社会服务职能的重要载体，加强大学生在社会实践活动中的廉洁教育，有利于高校树立廉洁的社会形象，不断激发大学生积极建设"廉洁中国"的青春力量。

（三）践行廉洁的生动体现

大学生廉洁教育不仅是为了增强廉洁意识和树立廉洁价值观，更为重要的是提高他们的拒腐防变能力，而社会实践活动为提高大学生拒腐防变能力提供了平台。通过社会实践活动，可以从两个方面体现出大学生的拒腐防变能力。一是在社会实践活动中，学生是否学会了廉洁自律，是否廉洁地参与社会实践活动；二是通过社会实践活动来提高他们的拒腐防变能力，即教会他们如何识别腐败、如何拒绝腐败、如何反对腐败等相关的反腐倡廉技能。在现实的高校社会实践中，仍有个别大学生存在侵吞活动经费、用公共资源拉活动赞助等腐败行为，也有学生发现身边出现腐败行为而不想举报、不敢举报，甚至不会举报，这就需要在社会实践活动中融合廉洁教育因素，以检验大学生践行廉洁的成效。

二、大学生廉洁教育与社会实践有机结合的实施路径

（一）完善实践教育组织

针对廉洁教育的边缘化问题，高校应完善廉洁实践教育的组织建设。一是以学校学生工作部（处）和学校团委为核心，在校内各级学生党团组织中设置纪检部门。如在校级学生会和二级院系团委、学生会设置纪检部门，在学生党支部设置纪检委员，并赋予他们组织开展廉洁实

践教育的工作职责。二是在班级班委中设置纪检委员，负责组织开展以廉洁为主题的班团会、报告会等。三是支持组建大学生廉洁社团，组织开展廉洁实践活动。通过建立健全组织体系，保障廉洁实践教育的有效开展。

（二）创新实践教育模式

建立大学生廉洁档案，将廉洁实践教育纳入廉洁档案管理。廉洁档案要真实记录学生的廉洁诚信轨迹，客观评价廉洁实践综合表现，促进大学生成长成才。一是丰富廉洁实践内容。廉洁实践教育包括参加校内的廉洁征文比赛、廉洁书画比赛、廉洁演讲比赛、廉洁知识讲座等廉洁文化实践活动，也包括参加校外的廉洁政策宣传、廉洁主题调研、廉洁警示教育等社会实践活动。二是实行廉洁实践学分制。既可按次数参加廉洁实践记学分，也可按廉洁实践学时记学分，廉洁实践学分作为学生入党入团、评优评先的考察指标。三是运用信息技术对廉洁实践进行管理。通过网络平台对大学生的廉洁实践进行数据收集分析，学生可以通过网络终端查到自己的廉洁实践信息。

（三）编写实践指导手册

高校编写社会实践活动指导手册，在指导手册中渗透廉洁教育元素，通过手册指导学生开展社会实践活动，可以使廉洁教育与社会实践有机融合。高校还可以编写廉洁实践指导手册，指导学生开展廉洁政策宣传、廉洁文化调研、廉洁警示教育等廉洁实践活动，避免学生开展廉洁实践活动的盲目性，提高廉洁实践活动效果。同时，加大对社会实践活动的指导和经费支持，以课题项目的形式打造廉洁实践教育品牌。

第四节　大学生廉洁教育与校园文化的有机结合

2016年12月，习近平总书记在全国高校思想政治工作会议上强调："要更加注重以文化人以文育人，广泛开展文明校园创建，开展形式多样、健康向上、格调高雅的校园文化活动，广泛开展各类社会实践。"校园文化是直接影响大学生成长成才的环境因素，建设风清气正的校园文化，让廉洁文化成为校园的主流文化，是新时代高校校园文化建设的必然选择。

一、校园文化对大学生廉洁教育的重要意义

校园文化具有教育导向、引领规范、激励凝聚、文娱调节、开发创造等功能，对于加强大学生廉洁教育，培养德智体美劳全面发展的时代新人具有重要的现实意义。

（一）有利于整合廉洁教育资源

高校校园文化是指在高校发展过程中形成的，反映着人们在生活方式、价值取向、思维方式和行为规范上有别于其他社会群体的团体意识、精神氛围。高校校园文化主要包括智能文化、物质文化、规范文化、精神文化四个方面。校园文化是独具特色的亚文化，是关系学校团体凝聚力和向心力的精神力量。校园文化蕴含着思想道德观念、校风教风学风、

校纪校规校训、精神信仰价值等丰富内涵，而这些丰富内涵正是高校开展大学生廉洁教育、培育大学生廉洁素养的重要资源和途径。由此可见，校园文化建设和廉洁教育在人才培养目标和途径上是高度吻合的。校园文化建设的多主体、多载体和多样化，为高校开展廉洁教育提供了广阔平台，拓宽了廉洁教育的实践路径，形成了全过程、全方位、全员化的大学生廉洁教育体系。大学生廉洁教育的深入开展，又为校园文化建设提供了有力抓手，从而有效拓展校园文化建设的内涵，提升校园文化建设的层次和品位。

（二）有利于形成廉洁育人氛围

自古以来，廉洁文化是中华优秀传统文化的重要组成部分，清正廉洁、廉洁自律是中华儿女尊崇的道德品质，可以说，中华民族有着崇尚廉洁、敬畏廉洁、践行廉洁的历史文化，是新时代建设"廉洁中国"的精神财富和强大动力。然而，在多元文化和市场经济的冲击下，廉洁文化受到了极大威胁，反腐倡廉面临着严峻挑战，各种腐败现象和不正之风侵袭着圣洁的大学校园，部分大学生出现了学术不端、学风不正、贪污腐化等不良行为，甚至有的大学生认为廉洁自律是对个性的自我禁锢。在校园文化建设中，高校要通过开展形式多样、丰富多彩的廉洁教育活动，努力营造风清气正的校风，使大学生在廉洁知识教育中认识到清正廉洁的重要意义，在廉洁实践教育中体悟到廉洁自律对成长成才的重要价值，进而主动增强廉洁意识，树立正确廉洁价值观，不断提高拒腐防变能力，为步入社会、走上工作岗位后成为中国特色社会主义合格建设者和可靠接班人奠定坚实的道德基础。

（三）有利于传承弘扬廉洁精神

校园文化本身具有很强的传承性，廉洁校园文化一旦形成，就会产生巨大的凝聚力和向心力，在群体之间、代与代之间被模仿、扩散和传递。通过校园文化建设而形成的廉洁精神，会经久不衰地熏陶和感染大学生，从而实现大学生廉洁教育的"春风化雨"和"润物无声"。正如涂又光先生所言，"校园是泡菜坛，文化就是泡菜水，学生就是泡菜；有什么样的泡菜水，就会泡制出什么样的泡菜"。新时代的大学生，是青年群体中的精英，具有较高的文化素养和道德品质，对他们进行廉洁教育，引导他们树立正确的廉洁价值观，就相当于在社会中播下"廉洁种子"。随着高等教育的普及化，在不久的将来，就会在全社会收获廉洁的"硕果"，建设"廉洁中国"指日可待。

二、校园文化建设中的廉洁文化薄弱

廉洁文化作为校园文化的重要组成部分，在当前的高校校园文化建设中，还没有得到很好的体现；校园文化作为大学生廉洁教育的重要载体，也还没有为开展廉洁教育提供有力支撑。校园文化建设中廉洁文化薄弱，这主要表现在以下几个方面。

一是重视物质环境建设，忽视廉洁文化的凝练。美丽的校园总是让人流连忘返、心旷神怡。近年来，很多高校不断加大投入，建起漂亮的楼宇和环境，添置高端的硬件设备，对数量规模和外观津津乐道，反而忽视了对物质环境所应承载的精神文化的凝练与塑造。其实，每所高校都是在艰苦奋斗中成长起来的，都有着自己独特的办学理念和办学优势，如果在物质环境建设中脱离了蕴含其中的大学精神及其廉洁文化，再美的校园也会失去育人的灵魂和意义。

二是重视教师的廉政教育，忽视学生的廉洁教育。在全面从严治党的大背景下，高校不断加强党风廉政建设和反腐败斗争，不断加强教师的廉政教育，这是理所应当的政治任务，也是校园文化建设的重要内容。但在这个过程中，忽视了学生作为重要参与者的地位和作用，没有融入大学生的廉洁教育，导致教师的廉政教育与学生的廉洁教育割裂，无法发挥双方的融合互动作用，学生成为旁观者，某种程度上制约了校园廉洁文化的整体构建。如何将教师的廉政教育和学生的廉洁教育进行整合开发，成为当前高校"三全育人"体系建设面临的重大课题。

三是重视文化活动的娱乐性，忽视廉洁文化的导向性。丰富多彩的校园文化活动能够促进大学生劳逸结合、身心健康，提高学习效率。于是，高校组织开展了丰富多彩的文化活动，但为了吸引学生眼球，有些高校开展的文化活动往往娱乐性项目偏多、启迪性项目不足，没有起到思想引领的作用，廉洁文化教育的导向性不突出，在提供展示自我机会的同时，也助长了精致利己主义思想的出现。因此，高校在丰富校园文化活动内容和形式的基础上，应重视开展主题鲜明的廉洁文化教育系列活动，充分发挥校园文化活动作为廉洁教育载体的重要作用。

三、大学生廉洁教育与校园文化有机结合的实施路径

校园文化就像空气，充盈着校园的每个角落，渗透到全体师生的思想观念、言行举止、为人处世当中，将廉洁观渗透到全体师生的学习、工作和生活中，实现廉洁教育与校园文化的有机融合，是高校加强廉洁

教育的有效途径。

（一）以高校精神载体为引领

高校精神载体是高校校园文化的核心，其主要包括校史、校训、校歌等，各高校在长期办学历程中，凝练形成独具特色的精神载体，并时刻影响着师生的精神风貌和思想言行。高校开展大学生廉洁教育，要大力挖掘校史中关于艰苦奋斗、清正廉洁、诚实守信的典型人物和故事，并充分利用视频、图片、话剧等手段来还原和呈现历史，让广大学生深刻领会廉洁自律、清正廉洁对个人成长成才的重要意义。如百色学院前身广西省立田西师范学校首任校长岑永杰先生，在战火纷飞的年月里，秉持"教育救国"的理想信念建校，推进边区文化、培养卫国英雄。他的艰苦奋斗、不屈不挠的崇高品德时刻激励着广大师生扎根红色沃土，传承红色基因，弘扬革命传统。在建校 80 周年之际，百色学院创作的话剧《岑永杰》引起热烈反响。

大学校训是大学师生共同遵守的基本行为准则与道德规范，是大学文化精神的核心体现。在开展大学生廉洁教育中具有灵魂和导向的作用，如陇东学院的"崇德尚实"、宁夏大学的"尚德"、百色学院的"德高业精"、西北大学的"公诚勤朴"等都是校训中蕴含的廉洁元素。烟台大学的"育德、守纪"、上海国家会计学院的"不做假账"、江西财经大学的"信敏廉毅"和苏州大学的"养天地正气、法古今完人"等更是廉洁精神的具体体现，是涵育大学生廉洁思想的重要载体。校歌是学校办学理念、校园精神和学校特色的集中体现，也是开展大学生廉洁教育的重要精神载体。如西南大学校歌中的"崇德尚善"、华东理工大学校歌中的"励志明德"、南昌大学校歌中的"励志节，戒荒嬉"、江西财经大学校歌中的"不惑不忧，不惧不淫，不移不屈"、广州大学校歌中的"崇德崇实崇真"、临沂大学校歌中的"德为重，才为本，弘道为要义"等歌词，蕴含着清正廉洁、廉洁自律的文化基因，在师生的传唱中自然促进了廉洁教育。

（二）以教师廉洁魅力为示范

以教师廉洁魅力作为大学生廉洁教育的示范。高校教师对大学生的成长成才具有重要的示范引领作用，教师不仅要"学为人师"，更要"行为世范"，通过教师的言传身教、以身作则，引导大学生树立正确的廉洁价值观。高校要以"有理想信念、有道德情操、有扎实学识、有仁爱之心"的"四有好老师"为标准，大力加强师德师风建设，推动教师"立廉德""育新人"，将廉洁从教、廉洁科研纳入师德考评体系，着力打造干净担当、清正廉洁、爱岗敬业的教师队伍，以教师的廉洁魅力为大学生做好示范，以教师的高尚人格引领大学生树立正确廉洁价值观。

（三）以身边廉洁榜样为表率

在任何时候，高校都不乏勤奋廉洁的动人故事，这是大学生廉洁教育的最好资源，因为这些勤廉榜样就在大学生的身边，是大学生可亲、可见、可学的对象。近年来，在反腐倡廉的时代背景下，各地区各部门评选身边的勤廉榜样蔚然成风，高校也不例外。如百色学院自 2017 年以来，每年都评选 10 名校园勤廉榜样，他们中既有教师，也有学生。通过挖掘勤廉榜样的先进事迹，宣传勤廉榜样模范作用，发挥勤廉榜样的示范效应，使身边勤廉榜样成为校园廉洁风尚的表率，激励着广大师生学习榜样、争做榜样、赶超榜样，极大地促进了大学生的廉洁教育。

（四）以校园文化活动为抓手

校园文化活动是大学生学习生活的重要内容，丰富多彩的校园文化活动可以拓展学生的视野。提高学生的综合实践能力，主题鲜明的校园文化活动可以提升学生的思想境界和精神素养。高校在组织开展好每年由教育部主办的全国高校廉政文化作品征集暨廉洁教育系列活动的同时，可以结合本校实际，打造以"守规矩、倡廉洁、扬正气""廉洁与青春同行"等为主题的廉洁教育系列活动，通过演讲比赛、书画大赛、征文比赛等形式多样的活动，吸引学生参与其中，让学生深刻领会廉洁的内涵和意义；通过邀请勤廉榜样、专家学者走上讲台，开展廉洁教育主题报告、论坛等形式引领大学生学榜样、做榜样；利用高校科研优势，组织学生申报廉洁教育研究课题，在提高学生科研能力的同时，为传承发展廉洁精神文化提供智力支持，让廉洁文化真正成为校园文化的主流文化，助推廉洁大学建设工程。如百色学院，每年都组织开展廉洁教育系列活动，在 2019 年，为庆祝中华人民共和国成立 70 周年、纪念五四运动100 周年、百色起义 90 周年，举办以"百色精神铸红魂、读听写讲促廉洁"为主题的系列教育活动，通过开展读红色书籍、听红色讲座、写心得体会、办演讲比赛等活动，达到了传承红色基因、养成廉洁风尚、落实立德树人的教育目的。

（五）以物质制度环境为沃土

物质制度环境是大学生学习生活的主要物理空间，也是开展大学生廉洁教育的肥沃土壤，高校应充分利用广场、运动场、楼宇、教室等物理空间，集中展示廉洁理念、廉洁标语、廉洁典范等廉洁教育内容。在食堂、教学楼、图书馆等人流量大的场所，以视频、图片、实物等方式展示廉洁教育成果内容，营造浓厚的廉洁教育氛围，激发大学生树立廉洁观念、涵育廉洁素养。如百色学院，在校园主干道边设置了展示反腐倡廉文化内容的标语牌；在校园广场周围建设了"清风苑"，成为学校一道亮丽的风景线，"清风苑"把关于廉洁的名言警句刻在石头或石桌、石凳上，让学生在开展学习和文化活动的过程中将廉洁刻进心灵深处。

（六）以高校新兴媒体为平台

随着信息化时代的到来，网络生活成为大学生的主要生活方式，网络文化成为校园文化的重要内容，高校的新媒体平台也因此异军突起，校园BBS、大学生易班、"两微一端"等新媒体成为大学生廉洁教育的重要平台，其凭借可视性高、互动性强等优势广受学生欢迎。高校应充分利用新媒体新技术开展廉洁教育，利用大数据、云计算、人工智能等信息工具分析学生的网络生活习惯和偏好，制作精美的"廉洁教育产品"，提供个性化廉洁教育服务，做到"廉洁教育产品"的"适销对路"。如开展廉洁教育微直播、微寄语等网络活动，吸引学生参与廉洁教育话题讨论，分享廉洁教育感悟，提供廉洁教育建议等；通过网络开展"勤廉榜样"评选活动，鼓励学生积极参与、主动加入，不断增强廉洁教育的互动性和趣味性，让廉洁教育"活起来""酷起来"，使大学生在廉洁的"网络生活"中成长成才。

思考练习

1. 大学生廉洁教育如何与思政教育有机结合？

2. 大学生廉洁教育如何与专业教育有机结合？

3. 大学生廉洁教育如何与社会实践有机结合？

4. 大学生廉洁教育如何与校园文化有机结合？

参考文献

［1］列宁全集：第 38 卷［M］.北京：人民出版社，1986.

［2］《实施纲要》起草组.《建立健全教育、制度、监督并重的惩治和预防腐败体系实施纲要》辅导读本［M］.北京：中国方正出版社，2005.

［3］刘英侠.新时代大学生廉洁教育研究［M］.北京：社会科学文献出版社，2022.

［4］朱玉颖，廖成中，张志华.大学生廉洁教育教程［M］.四川：四川大学出版社，2022.

［5］张楠、王维国.大学生廉洁教育：入学第一课［M］.北京：九州出版社，2019.